Monika Richrath

Das kleine Singlewohlfühlbuch für Frauen

Monika Richrath

Das kleine Singlewohlfühl-
buch für Frauen

mvg Verlag

Bibliografische Information der Deutschen Bibliothek
Die Deutsche Bibliothek verzeichnet diese Publikation in der Deutschen Nationalbibliografie; detaillierte bibliografische Daten sind im Internet über http://dnb.ddb.de abrufbar.

2., erweiterte Auflage

Umschlaggestaltung: Atelier Seidel, Neuötting
Redaktion: Dr. Gabriele Schweickhardt, Frankfurt am Main
Satz: Redline GmbH, J. Echter
Druck und Bindearbeiten: Ebner & Spiegel, Ulm
Printed in Germany 07076/050502
ISBN 3-636-07076-2

Für uns

Inhalt

Intro

Mit achtzehn hatte ich meinen ersten „richtigen“ Freund. Seitdem bin ich immer auf die eine oder andere Weise in Beziehung gewesen – und das gern. Doch habe ich trotzdem nie aufgehört, von mir als einer anderen, autonomen Person zu träumen, die unabhängig und selbstbestimmt durchs Leben tanzt. Als ich vor vier Jahren zwangsweise „gesinglet“ wurde, beschloss ich, jetzt endlich einmal auszuprobieren, ob die von mir imaginierte unabhängige Person tatsächlich in mir steckt. Ich stürzte mich intensiv in ein neues Dasein als Single, immer in der Hoffnung oder Erwartung, dass eines Tages schon noch ein glücklicher Single aus mir werden würde.

Heute kann ich sagen, ich hätte es mir weder so schön noch so schwierig vorgestellt. Vermutlich glaubte ich, ich würde träge auf einem ruhigen Fluss dahintreiben und die reizende Landschaft genießen. Das Leben wäre wunderbar und es würde mir an nichts fehlen. Das wirkliche Leben hat mich schnell eines Besseren belehrt, da waren immer wieder Untiefen, in denen ich zu versinken drohte, oder Strudel, die mich nach unten zogen, nicht zu vergessen die vielen Krokodile, die immer wieder nach mir schnappten und mir tiefe Wunden beibrachten.

Vorübergehend geriet dann die ganz unbestrittene Pracht der Landschaft in Vergessenheit.

Obwohl mein Leben ohne Frage schön ist, ist mir in der Zwischenzeit klar geworden, dass aus mir niemals ein glücklicher Single werden wird. Das liegt nicht daran, dass ich mir im Grunde meines Herzens doch eine Partnerschaft wünsche, sondern am Begriff selbst, daran, dass der Begriff des glücklichen Singles für mich einen *anhaltenden* Zustand impliziert. Jahrelang habe ich die – grauenvoll naive, wie ich mir jetzt eingestehen muss – Hoffnung genährt, mir selbst eines Tages genug sein zu können, nicht angewiesen zu sein auf eine Partnerschaft. Genauer betrachtet, finde ich die Vorstellung, nie wieder eine dauerhafte Intimität mit einem anderen Menschen eingehen zu wollen, ziemlich schrecklich. Dass sie trotzdem in attraktivem Gewand daherkommt, mag daran liegen, dass sicher nicht nur ich den Gedanken, sich auf jemanden näher einzulassen, mit Schwäche und Angst vor Verletzung assoziiere. Schließlich tragen wir alle unsere Narben aus vorangegangenen Beziehungen mit uns herum. Trotz alledem wünschen sich die meisten Menschen eine andere Person, die sie beschützt, als Puffer zwischen dem eigenen Ich und der Welt fungiert.

Um den Single ranken sich seltsame Mythen und Legenden. Obschon er immer wieder Gegenstand von Untersuchungen ist, so ist doch der gesamtgesellschaftliche Blick auf den Single von einer sonderbaren Schwarz-Weiß-Polarität geprägt, die uns entweder zu bedauernswerter Verlassenheit oder zu ewiger Selbstgenügsamkeit verdammen will. Dabei bewegen wir uns ständig zwischen beiden Polen hin und her, die einen schneller, die anderen langsamer – und manche kommen nie vom Fleck! Sicher ist jedenfalls: Als Single haben Sie es nicht leicht. Entweder Sie müssen herablassendes Mitleid über sich ergehen lassen ("Du findest auch noch jemanden!" – wird besonders gern aufmunternd von frisch Verliebten geäußert), werden aufgrund Ihrer „Verfügbarkeit" misstrauisch als potentielle Konkurrentin eingestuft (und unter Umständen zu Festlichkeiten gar nicht mehr eingeladen) oder Sie werden der Bindungsunwilligkeit bezichtigt – ein Vorwurf, der Ihnen unter Umständen nicht nur von gebundenen Menschen, sondern auch von Singles selbst gern gemacht wird; oder noch schlimmer: der Bindungsunfähigkeit, als hätten Sie ein kapitales Verbrechen wider die Menschheit begangen. Ich glaube übrigens, dass der Vorwurf der Bindungsunwilligkeit im Wesentlichen aus Neid entspringt, denn so ein Singleleben enthält durchaus eine ganze Reihe von Momenten, die gebundenen Menschen wie das Paradies schlechthin vorkommen können – vor allem, wenn es in der eigenen Partnerschaft gerade nicht so läuft. Aber der Neid kann ebenso aus den „eigenen Reihen" kommen, zum Beispiel von anderen Singles, die das Gefühl haben, dass Sie mit dem Alleinleben viel besser zurechtkommen.

Was ist eigentlich so verwerflich daran, wenn eine Person beschließt, eine Zeitlang auf Kompromisse zu verzichten und ihr Augenmerk ausschließlich auf sich selbst zu richten? Macht sie das automatisch zu einem schlechteren Menschen? Natürlich kann es passieren, dass Alleinleben Sie zu einer hoffnungslos egozentrischen Person werden lässt, es muss aber nicht zwangsläufig so sein. Die Leidtragende wären in diesem Falle ohnehin Sie selbst!

Ich finde jedenfalls, es ist an der Zeit, mit den Absolutismen, die Singles immer wieder verpasst werden und wie klebriger Leim an ihnen hängen, aufzuräumen. Jede hat ihre eigene Geschichte, ihren eigenen Grund, warum sie allein lebt – warum soll das unbedingt kommentiert und *bewertet* werden? Manche Singles wissen tatsächlich, dass sie nicht beziehungsfähig sind, und/oder wollen ganz bewusst keine neue Beziehung (mehr) eingehen und richten sich in diesem Zustand ein. Andere wünschen sich nichts sehnlicher als eine Partnerschaft. Und die große Mehrheit ist von Ambivalenz und Zerrissenheit geprägt, fürchtet in einem Moment Intimität und wäre im nächsten von Sehnsucht überwältigt bereit, mit der erstbesten Person mitzugehen, was die einen gelassen ertragen können, die anderen aber kreuzunglücklich macht.

Und warum eigentlich Single als Dauerzustand betrachten? Nicht einmal von einer Ehe wird heutzutage wirklich erwartet, dass sie bis in alle Ewigkeit hält.

Bücher, die ich zu diesem Thema las, erwiesen sich übrigens als wenig hilfreich, weil sie sich entweder mit dem Singledasein in Interview- oder Portraitform befassten und wenig praktische Hilfe boten oder mir eine zu glückliche Grundstimmung vermitteln wollten, die ich verlogen und unglaubwürdig fand – trotz meiner Bereitschaft, mich zu einem glücklichen Single zu entwickeln.

Die Idee zu diesem Buch gärte bereits eine ganze Weile in meinem Kopf. In den vier Jahren meiner Singleexistenz habe ich Unglaubliches erlebt – mit mir selbst und anderen – und tief greifende Transformationsprozesse durchlaufen. Nicht zuletzt habe ich herausgefunden, dass die unabhängige Person, die ich immer so gern sein wollte, tatsächlich zu großen Teilen in mir steckt. Eine Tatsache, die ich nie und nimmer entdeckt hätte, wäre ich weiterhin in Beziehung geblieben. Meine Erfahrungen möchte ich nicht missen, weder die guten (ein relativ häufiger Höhepunkt: Jahrtausendsex mit mir selbst) noch die schlechten (absoluter Tiefpunkt: Silvester allein auf einer Party – den ganzen ersten Januar verbrachte ich weinend im Bett). Letzten Endes sind es ohnehin die schlimmen Momente, die Sie über sich selbst hinauswachsen lassen – auch wenn es Ihnen im ersten Augenblick nicht so erscheinen mag.

Eigentlich finde ich Ratgeber grauenvoll. Ich mag dieses Buch auch nicht als einen Ratgeber im konventionellen Sinn betrachten. Vielmehr möchte ich meine Erfahrungen mit Ihnen teilen unter der Voraussetzung, dass wir gerade einen nicht ganz leichten Lebensabschnitt durchlaufen, den ich weder schön reden noch schlecht machen will. Ich kann nur hoffen, dass es mir gelungen ist, einen einigermaßen repräsentativen Status quo des Singlelebens wiederzugeben – was ja nicht bedeutet, dass Sie verschiedene Situationen nicht völlig anders erleben können. Wenn es mir mit diesem Buch gelingt, Ihnen in der einen oder anderen Situation eine Hilfestellung zu geben, war meine Arbeit (na ja, vor allem hat es mir einen Riesenspaß gemacht!) auf jeden Fall nicht vergeblich.

Es hat eine ganze Weile gedauert, bis ich mich entschloss, mein Vorhaben tatsächlich in die Tat umzusetzen, denn ziemlich lange war ich in dem Gedanken gefangen, ich sei nicht kompetent genug dafür, anderen Leuten Ratschläge zu erteilen, wie sie die Situation des Alleinlebens einfacher meistern könnten. In meinem Kopf geisterte die Vorstellung herum, ich könne mich in dieser Sache erst dann als kompetent genug betrachten, wenn ich zu einem *glücklichen* Single herangereift wäre. Dieser Fall ist jedoch nicht eingetreten und wird nie eintreten – aus den oben genannten Gründen. Das bedeutet aber nicht, dass meine kleinen Tipps und Tricks Ihnen nicht trotzdem den Rücken stärken könnten – ganz im Gegenteil, ich bin sozusagen die Frau hinter Ihnen.

Dieses Buch richtet sich im Wesentlichen an Frauen, was nicht heißen soll, dass meine Ratschläge nicht auch für Männer geeignet wären – aber genau weiß ich es eben doch nicht. Mit dem Wissen, dass Männer sich im Allgemeinen schwer tun, gut zu sich zu sein, vermute ich, dass sie eher auf andere – bewährte – Überlebensstrategien zurückgreifen. Kürzlich habe ich gelesen, dass Männer im Rentenalter sich doppelt so häufig wieder verheiraten wie Rentnerinnen. Woran das bloß liegen mag?

Sollten Sie auf wissenschaftlich untermauerte Theorien und Methoden gehofft haben, muss ich Sie leider bitter enttäuschen. Dieses Buch basiert einzig und allein auf meiner Lebenserfahrung – und der mehrerer Mitsingles. Einige von uns wünschen sich eine neue Partnerschaft (am liebsten sofort!), andere wollen sich damit Zeit lassen. Eines haben wir jedoch gemeinsam: Wir genießen unser Leben. Auch ohne.

Weil Sie es sich wert sind!

82 Millionen Einwohner gibt es derzeit in der Bundesrepublik. Jeder sechste Haushalt ist ein Einpersonenhaushalt, Tendenz steigend. Laut Statistischem Bundesamt stieg allein in den Jahren von 1991 bis 2000 die Anzahl der Einpersonenhaushalte von 33,6 auf 36,1 Prozent. 2001 betrug die Anzahl der Einpersonenhaushalte bereits 37 Prozent. Zwar dokumentieren diese Zahlen eine rasante „Single-Zunahme", bedürfen aber dennoch der Differenzierung. Persönlich fasse ich die Definition eines Singles eher eng als die eines Menschen, der nicht in einer Partnerschaft lebt. Demnach kann auch die allein erziehende Mutter mit drei Kindern (die nicht unter den Einpersonenhaushalt fällt) ein Single sein. Andererseits gibt es vermutlich zahlreiche Einpersonenhaushalte, in denen die Betreffenden dennoch in Partnerschaft leben. Da scheint die Zahl von 12 Millionen Singles, also rund 14 bis 15 Prozent, doch die wesentlich glaubwürdigere (Quelle: Stern TV).

Der Begriff des Singles stammt, wie Sie sicherlich wissen, aus dem Amerikanischen. Der deutsche Duden erklärt den „Single" als einen „alleinstehenden Menschen", eine Definition, bei der man fast in Tränen ausbrechen möchte; ich assoziiere damit spontan einen Menschen, der mutterseelenallein auf einem Berg steht, unerreichbar und von Gott und der Welt verlassen.

Der Single, das unbekannte Wesen? Hartnäckig hielt sich lange der Mythos vom bindungsunwilligen Single, der seine Freiheit und Unabhängigkeit so über alles liebt, dass er nicht gewillt ist, Verpflichtungen einzugehen. Den gibt es natürlich, keine Frage. Doch die meisten Alleinstehenden würden lieber heute als morgen ihren Singlestatus aufgeben. Sonst wäre es wohl kaum so vielen Menschen möglich, aus den Sehnsüchten einsamer Herzen Profit zu schlagen mit Dating Parties, besonderen Telefonlines, Kontaktanzeigen und vor allem Internet-Partnerschaftsagenturen, die wie Pilze aus dem Boden schießen.

Zwar scheint das Bild des Singles sich in der Öffentlichkeit langsam zu verändern, allerdings nicht zum Guten. Mir kommt es jedenfalls so vor, als würden Singles allmählich als eine Art gesellschaftlicher Verlierer angesehen, als sei das bloße Faktum, alleinstehend zu sein, mit einem Makel behaftet, der besser vertuscht oder sofort behoben werden sollte – was absurd ist angesichts der Tatsache, dass die Zahl der Einpersonenhaushalte unaufhörlich ansteigt, wie wir weiter oben gezeigt haben.

Meines Erachtens steht der Trend zur allgemeinen Individualisierung in direktem Zusammenhang mit dem Konsumverhalten in Wohlstandsgesellschaften. Alljährlich werden immer neue Produkte auf den Markt geworfen, die jedes unserer Bedürfnisse bis auf das i-Tüpfelchen befriedigen sollen und uns so eine scheinbar perfekte Welt vorgaukeln. Nicht umsonst lautete das Schlagwort, das die Wirtschaft in den letzten Jahren ankurbeln sollte „Der Kunde ist König!“ Da nimmt es doch kaum Wunder, wenn die vermeintlichen Könige glauben, sie hätten auch in Sachen Beziehung Anspruch auf das „Allerbeste“, sprich: die Beziehung, die perfekt zu ihnen passt. Pech bloß, dass es diese perfekte Beziehung gar nicht gibt, dass eine Beziehung immer auch Kommunikation, Auseinandersetzung und Kompromiss bedeutet, eine Tatsache, die die meisten Menschen gern zu vergessen scheinen. Wobei man auch nicht vergessen darf, dass gerade die Andersartigkeit des Gegenübers stets auch zu unserer eigenen Horizonterweiterung beiträgt.

Traurigerweise geht der scheinbar wachsende Wohlstand einher mit einer schleichenden emotionalen Verarmung, dem Verlust der Kommunikationsfähigkeit und der Bereitschaft zu Auseinandersetzung und Toleranz, wovon aber nicht nur die Teilgruppe der Singles, sondern die Gesellschaft als Ganzes betroffen ist – schließlich sprechen auch die Scheidungsraten Bände.

Unbestritten haben wir fast alle ein grundsätzliches Bedürfnis nach Liebe und Partnerschaft. Trotzdem stellt sich die Frage, ob dieses Bedürfnis von der Gesellschaft nicht noch künstlich dadurch intensiviert wird, dass die Lebensform Single nicht die gleiche Beachtung findet wie die vielen akzeptierten Bindungsformen. Sie meinen, ich übertreibe? Warum, glauben Sie, verzichten dann so viele Menschen darauf, allein irgendwohin zu gehen? Ich meine hier nicht nur öffentliche Orte wie ein Theater oder eine Kneipe. Es kann passieren, dass Sie sich während eines Spaziergangs, den Sie an einem Sonntagnachmittag allein unternehmen, wie ein Paria vorkommen, eine Ausgestoßene, während es um Sie herum von Paaren und Familien zu wimmeln scheint. An einem guten Tag mag Sie das nur peripher tangieren, vielleicht sogar amüsieren, an einem schlechten Tag kann es Ihnen den Rest geben.

Auch in der Werbung kommen Singles eher selten vor – wenn doch, dann eher um Mittel und Wege anzupreisen, die einen möglichst schnell aus diesem Zustand befreien sollen.

Es ist schon ein wenig absurd, dass in einer Gesellschaft, in der so viele Menschen allein leben, die Paarbeziehung als allein selig machende Lebensform gepriesen wird. Oder sind wir alle Opfer einer gigantischen kapitalistischen Marketingstrategie? Viele Singles selbst wünschen sich augenscheinlich ja auch nichts mehr als eine längerfristige Bindung. Warum eigentlich?

Provokativ behaupte ich, dass die meisten Menschen sich nicht allein begegnen möchten, sondern nur über den Umweg der Spiegelung durch ein Gegenüber. Erst wenn ein anderer Mensch Ihnen bestätigt, dass Sie ein toller, attraktiver Mensch sind, können Sie daran glauben – vielleicht. Denn es gibt ja noch all jene dunklen Seiten, die in Ihnen verborgen sind, die Ihr Gegenüber vielleicht niemals zu Gesicht bekommen wird, weil Sie davon überzeugt sind, er oder sie würde sich von Ihnen abwenden, wenn diese Seiten offenkundig würden. Und was ist, wenn der Partner Sie plötzlich nicht mehr toll und attraktiv findet? Vermutlich sind Sie am Boden zerstört, aber „in Wirklichkeit“ sind Sie wahrscheinlich nicht weniger toll und attraktiv als zuvor, sondern es ist lediglich das Bild, das Sie vermittelt bekommen. Die Spiegelung durch eine andere Person ist ohnehin eine zweischneidige Sache, schließlich neigen Partner dazu, im anderen die Züge zu entdecken, die sie selbst sehen möchten – selbst wenn diese Züge nicht vorhanden sind.

Was wäre, wenn Sie Ihr Leben ohne Partnerschaft nicht länger als Mangelzustand begriffen? Wenn Sie selbst verinnerlichen könnten, dass Sie toll und attraktiv sind? Was wäre, wenn Sie sich selbst begegneten, mit Ihren guten und Ihren schlechten Seiten, wenn Sie wüssten, wer Sie eigentlich sind und was Sie wollen?

Es braucht Mut, sich selbst und der Welt allein gegenübertreten zu können. Aber es lohnt sich! Sie können diesen Zeitraum als Single dazu nutzen, sich so kennen zu lernen, wie Sie sind. Sie können lernen, sich um sich zu kümmern, gut zu sich zu sein, für sich selbst zu sorgen – das sind alles keine Selbstverständlichkeiten! Für heterosexuelle Frauen mit ihrer auf den Mann fixierten Sozialisation ohnehin nicht. Aber auch Lesben haben hier durchaus Nachholbedarf, auch wenn „sich bedienen lassen“ in lesbischen Beziehungen eher die Ausnahme als die Regel darstellt, denn bei den Sehnsüchten und Erwartungen treffen beide Gruppen sich vereint wieder.

Es geht vielmehr darum, dass Sie für eine Weile Ihre Aufmerksamkeit auf sich selbst richten, statt wie vorher von einem zart fühlenden, aber dennoch starken Prinzen auf einem glänzenden Schimmel zu träumen oder von einer wilden Amazone auf einem feurigen Rappen! (Ha, Sie glauben gar nicht, wie viele Frauen das tun!) Weinen Sie nicht dem hinterher, das Sie (nicht mehr) oder (noch) nicht haben, sondern fangen Sie sinnvoll an: bei sich selbst. Natürlich könnte ich Ihnen an dieser Stelle das Blaue vom Himmel herunter versprechen: Gesundheit, Glück, Wohlstand und Zufriedenheit, letzten Endes liegt es doch wieder bei Ihnen, ob Sie etwas aus dieser Chance (und als solche können Sie Ihre Singlezeit betrachten!) machen. Ich kann Ihnen ein paar Anregungen mit auf den Weg geben. Aufraffen müssen Sie sich schon selbst – und ohne die Bereitschaft, alte Überzeugungen fallen zu lassen und neue, ungewohnte Wege zu beschreiten, geht es auch nicht. Verabschieden Sie sich von der Vorstellung, dass Ihr Wohlergehen zu einhundert Prozent von anderen abhängt und dass schöne Dinge nur dann schön sind, wenn sie in Gemeinschaft genossen werden können – Ansichten, die von Millionen einsamer Singles sorgsam gehegt und gepflegt werden. Schließlich ist es so viel bequemer, darauf zu warten, dass jemand daherkommt, der Ihnen das Leben schön macht, statt selbst dafür zu sorgen, dass Sie es schön haben.

Wie weit Ihnen das gelingt, hängt ganz wesentlich davon ab, wie sehr Sie das höchste Gut des Singles zu schätzen wissen: die Freiheit. Als Single sind Sie frei, sich hemmungslos selbst zu verwirklichen, zu tun und zu lassen, was immer Sie wollen (von den Alltagszwängen durch das Berufsleben einmal abgesehen): Sie können nachts bis in die Puppen lesen, morgens stundenlang im Bett liegen,

Sie müssen keine Kompromisse schließen oder Absprachen treffen, auch wenn Sie diese Freiheit als frisch gebackener Single womöglich gar nicht wollen. Dabei birgt sie jede Menge Chancen für Ihre persönliche Weiterentwicklung: zum Beispiel sich auch von scheinbaren Kleinigkeiten berühren zu lassen und diese schätzen zu können, offen zu sein für Neues und vielleicht Unerwartetes. Überraschungen (vor allem solche, die Ihrem Leben vielleicht eine völlig andere Richtung geben) können Sie als Single nicht nur anders wahrnehmen, sondern auch gegebenenfalls anders in Ihr Leben integrieren. Natürlich können Sie Freiheit auch von einer negativen Seite aus betrachten, nämlich, dass es rein niemanden kümmert, ob Sie hierhin oder dorthin gehen, aber es gibt doch einen Menschen, den es – immer – kümmert: Sie selbst!

My home is my castle

Schaffen Sie sich einen Zufluchtsraum! Zwar muss das nicht zwangsläufig Ihre Wohnung sein, bietet sich aber an und ganz ehrlich: Wenn Sie sich lieber im Büro oder in einer Kneipe aufhalten als bei sich zu Hause, haben Sie möglicherweise ein Problem! Das Schöne an dem Zufluchtsort ist ja gerade, dass man sich dorthin zurückziehen kann vor dem Job, vor anderen Menschen und dass er rund um die Uhr für Sie erreichbar ist, Ihr Reich eben, in dem Sie uneingeschränkt als Königin herrschen.

Im Idealfall ist Ihre Wohnung wie ein geliebter Mensch, der auf Sie wartet und Sie mit offenen Armen empfängt, sobald Sie zur Tür hereinkommen, ein Kraftort, der Ihnen Ruhe, Trost und Energie spendet. Wie weit Sie das empfinden können, liegt an Ihnen, daran, wie sehr Ihre Wohnung Ihre Persönlichkeit widerspiegelt und welchen Energien Sie hier Raum geben. Sollten Ihnen solche Empfindungen bislang völlig abgegangen sein, gibt es eine Menge, was Sie tun können, um das zu ändern. Möglicherweise ist dies ohnehin der Moment, wo Sie dem Unbehagen mit Ihrer Wohnung nachgeben und sich ein völlig neues Domizil suchen. Im Regelfall aber bleiben Sie, wo Sie sind. Bewirken können Sie trotzdem allerhand.

Als Sofortmaßnahme direkt nach einer Trennung können Sie den Zustand der Ungläubigkeit und dumpfen Betäubung nutzen, indem Sie die Energie, die Ihre Exbeziehung in der Wohnung hinterlassen hat, wenigstens teilweise neutralisieren. Dazu müssen Sie nicht zwangsläufig alles auf den Kopf stellen, es genügt, wenn Sie eine Kleinigkeit verändern. Es kann schon reichen, eine Pflanze woanders hinzustellen, ein anderes Bild aufzuhängen. Fotos und Gegenstände, die an die vergangene Beziehung erinnern, sollten Sie besser außer Sichtweite bringen (Sie müssen sie ja nicht gleich wegwerfen, später können Sie immer noch entscheiden, welchem Ding Sie welchen Platz einräumen möchten). Ideal wäre es natürlich, wenn Sie einen Gegenstand hätten, an dem Sie hängen, den Sie Ihrer Beziehung zuliebe jedoch entfernt haben. Jetzt ist genau der richtige Moment dafür, um diesen Gegenstand gut sichtbar in Ihrer Wohnung zu platzieren! Womöglich müssen dafür in der Folge noch einige andere Gegenstände ihren Platz wechseln. Zum einen lenkt Sie das ein wenig von Ihrer eventuellen Liebesqual ab, zum anderen wird Ihr Zuhause dadurch zu einem neutraleren Ort, denn in dieser Wohnung, wie sie jetzt ist, sind die Dinge, die Sie mit Ihrer Beziehung in Verbindung bringen, nicht passiert.

Überlegen Sie einmal, was Ihre Wohnung über Sie aussagt und was das bei Ihnen auslöst. Viele Menschen schleppen bestimmte Gegenstände über Jahre hinweg mit, ohne zu berücksichtigen, dass sie heute nicht mehr die Person sind, die sie waren, als sie diesen Gegenstand erwarben. Entspricht Ihre Wohnung Ihnen tatsächlich, ist Ihre Persönlichkeit in Ihren eigenen vier Wänden greifbar?

Wenn nicht, ist es vielleicht Zeit für eine Renovierung, einen Tapetenwechsel, neue Möbel oder die Anschaffung eines richtigen Betts. (Lachen Sie nicht, ich habe mir mein erstes Bett mit Lattenrost erst im Alter von 40 gekauft!) All dies kostet jedoch Geld. Möglicherweise möchten Sie auch keine neuen Möbel oder einen anderen Tapetenanstrich. In jedem Fall lege ich Ihnen die Beschäftigung mit Feng Shui ans Herz. Es handelt sich hier um die Kunst, den Fluss der natürlichen Energieströme in unserem Umfeld zu harmonisieren, was sich wiederum positiv auf Ihr gesamtes Leben auswirken wird. Damit aber die Energieströme wieder richtig fließen können, sollten Sie ausmisten. Unbedingt. Es gibt da ein kleines Wunderwerk, das Ihnen dabei auf die Sprünge helfen kann: das Buch „Feng Shui gegen das Gerümpel des Alltags“ von Karen Kingston, das sich nur mit dem Feng-Shui-Aspekt „Ausmisten“ beschäftigt und offensichtlich auf dem besten Wege ist, ein heimlicher Bestseller zu werden – in Buchhandlungen ist es häufig ausverkauft. Investieren Sie die 10 Euro und Sie werden verstehen warum.

Allein das Ausmisten kann Sie über Wochen intensiv beschäftigen (selbst wenn Sie nur eine Einzimmerwohnung Ihr Eigen nennen!) und führt nicht nur dazu, dass Sie Platz schaffen. Vielleicht werden Sie dabei auch entdecken, dass Ausmisten sich fast zu einer Art Sucht entwickeln kann. Als Nebeneffekt dieser Aktion werden unglaubliche Energien freigesetzt, weil sie jetzt nicht mehr an alte Dinge gebunden sind und Raum schaffen für Neues. Die langfristigen Auswirkungen, die sich in Ihrem Leben durch die Energieumverteilung ergeben, können Sie eigentlich nur am eigenen Leib erfahren ...

Sie werden überrascht sein, was sich in Ihrer Wohnung (und Ihrem Leben) ohne allzu großen finanziellen Aufwand bewerkstelligen lässt. Mir hat sich allein durch den Tipp, die Kleidungsstücke nach Farben zu sortieren, ein völlig neues Gefühl gegenüber meiner Garderobe vermittelt. Wenn ich jetzt vor meinem Schrank stehe, stellt sich mir nicht mehr die Frage „Was ziehe ich an?“ Die Frage lautet vielmehr: „Nach welcher Farbe ist mir?“ Probieren Sie es einfach aus.

Selbst wenn auf Ihrem Konto chronische Ebbe herrscht, müssen Sie nicht verzichten, hier wird von Ihnen allenfalls zusätzliche Fantasie und Kreativität verlangt, greifen Sie zurück auf Familie, Freunde, Sperrmüll, Schnäppchen, Flohmarkt oder gebrauchte Waren. Das Interessante an Feng Shui ist ja ohnehin, dass Sie sich nicht lauter neue Dinge anschaffen müssen, unter anderem bedeutet es auch, sich von Dingen zu *trennen* ... Falls Sie das spannend finden, aber keine Vorstellung von Feng-Shui haben: Es geht unter anderem darum, dass Ihr Haus oder Ihre Wohnung in verschiedene Bereiche aufgeteilt wird, wie zum Beispiel Karriere, Familie, Freunde, Beziehung, Ruhm oder Gesundheit. Die einzelnen Bereiche können belebt werden durch bestimmte Gegenstände, durch Ordnung und Sauberkeit. Es ist übrigens nicht wirklich notwendig, sich dafür extra Feng-Shui-Gegenstände zu-

zulegen. Ich wollte mir zum Beispiel gern einen Drachen anschaffen (soll dazu beitragen, dass sich Ihre Wünsche erfüllen). Nun finde ich aber die im Handel angebotenen Feng-Shui-Drachen einfach hässlich und konnte mich nicht zu einem solchen Kauf durchringen. Da kam mir die Idee, mir einen kleinen Spielzeugdrachen zu kaufen, dessen Anblick mich immer fröhlich stimmt und mir so einen kleinen positiven Energiekick verschafft. Die Energiebelebung kann also nur funktionieren, wenn Ihnen ein Gegenstand oder Arrangement wirklich gefällt. So oder so ist es ungeheuer spannend mitzuerleben, wie die eigene Wahrnehmung für die Energiefelder in Ihrer Umgebung wächst und Sie nach und nach selbst darauf kommen, was Sie zum Positiven hin verändern könnten.

Ein anderes Beispiel für die Wirkung von Feng-Shui, die ich persönlich als wirklich frappierend empfunden habe: Es wird empfohlen, etwa im Bereich Beziehung stets frische Blumen zu haben, nicht nur als belebendes Element, sondern auch als Erinnerung daran, dass Beziehungen gepflegt sein wollen. Als ich an diesem Buch zu arbeiten begann, war ich so mit Feuereifer bei der Sache, dass es mir überhaupt nicht auffiel, dass ich kaum noch ausging und keine anderen Menschen traf. Aber ich bemerkte doch zu meinem großen Kummer, dass Blumen, die ich frisch kaufte, sich plötzlich bei mir nicht mehr halten wollten. Ich konnte tun, was ich wollte, nach zwei Tagen ließen sie die Köpfe hängen und waren nach vier Tagen gänzlich hinüber. Ich fand das ziemlich gruselig – bis ich in einem Buch den oben genannten Hinweis fand, die Arbeit auch mal Arbeit sein ließ und meine vernachlässigten sozialen Beziehungen wieder aufnahm. Binnen kurzem hatte sich das Blumenproblem von allein erledigt.

So oder so bietet Ihnen Feng-Shui die Möglichkeit, Ihnen als Single auf Beziehungssuche auf die Sprünge zu helfen.

Ein anderes wunderbares Buch, das bestens dazu geeignet ist, sich mit Feng-Shui anzufreunden, ist „Feng Shui für die Seele – Acht Wege zur eigenen Mitte", das sehr schön vermittelt, wie Sie Selbstverantwortung, Leidenschaft, Selbstwert, Inneren Reichtum, Kreativität etc. in Ihrem Leben stärken und wachsen lassen können.

Wenn Sie Feng-Shui als zu esoterisch belastet ablehnen, habe ich dennoch einen kleinen Tipp für Sie: Hängen Sie das Bild oder Foto einer lächelnden Person an einer Stelle auf, die Sie häufig angucken – idealerweise ein Bild, auf dem die Person *Sie* anzulächeln scheint (aber auf gar keinen Fall ein Bild Ihrer verflossenen Beziehung!). Sie werden überrascht sein, wie oft Sie zurücklächeln ...

Ohnehin sollten Sie alles aus Ihrer Wohnung verbannen, was bei Ihnen traurige oder melancholische Assoziationen hervorruft – und sei es auch noch so schön. Umgeben Sie sich mit Dingen, die für Sie eine positive Bedeutung haben.

Menschen, die zu Depressionen oder depressiven Verstimmungen neigen, sollten hängende Gegenstände (wie die allseits so beliebten Hängepflanzen) aus ihrem Umfeld entfernen. Auch die Farben Grau, Schwarz und Weiß sollten Sie weitgehend aus Ihrem Blickfeld verbannen. Umgeben Sie sich lieber mit warmen Tönen.

Verankern Sie sich!

Nach einer gerade erfolgten Trennung ist es hilfreich, ein paar Tage lang ganz exzessiv Dinge zu tun, die der oder die Liebste gehasst hat, wie nicht täglich das Geschirr spülen, im Bett krümeln, bis in die Puppen fernsehen ... Sie werden schon wissen, was. Dieser Tipp mag Ihnen möglicherweise ein wenig albern erscheinen, aber ich finde, in diesem Fall heiligt der Zweck durchaus die Mittel. Alles ist nützlich, was Ihnen dabei hilft, Ihnen Ihren „Zustand“ schmackhaft zu machen. Früher oder später werden Sie diese Trotzreaktion ganz von allein aufgeben.

So oder so ist es sinnvoll, wenn Sie sich in Ihrem Singledasein nicht nur äußerlich, sondern auch innerlich einrichten. Emotionale Unterstützung von außen kann zum Beispiel entsprechende Literatur bieten. Wohlgemerkt, dies ist nur eine Krücke, die Ihnen dabei helfen kann, Ihren „Zustand“ als vorübergehende Heimat zu empfinden. Früher oder später wird sich Ihre Aversion gegen Liebesgefühle und Paare ganz von allein legen ...

Parallel dazu können Sie sich Rituale schaffen bzw. die ehemaligen Paar-Rituale durch Ihre eigenen ersetzen.

Zwar ist der Tagesablauf in der Regel ohnehin stark ritualisiert dadurch, dass die meisten von uns tagsüber den gleichen Beschäftigungen nachgehen, aber man kann trotzdem tägliche Rituale auf die eigenen Bedürfnisse zuschneiden. Besonderer Beliebtheit erfreut sich zum Beispiel bei Singles, den Tag mit einer Tasse Kaffee oder Tee im Bett zu beginnen und dabei Nachrichten oder Musik zu hören und auf diese weise langsam in den Tag hin einzugleiten.

Auch der verflixte Sonntag ist ein Tag, der wie geschaffen ist für Rituale. Mehr noch, sonntägliche Gewohnheiten können Ihnen dabei helfen, besser über den Tag zu kommen – wenn Sie Sonntage fürchten. Das kann etwa beginnen mit einer Lieblingsfernsehsendung, die Sie kombinieren mit einem opulenten Frühstück im Bett. Oder schmökern Sie ausgiebig – in einem schönen Buch oder in der Zeitung. Sie können es sich auch zur Gewohnheit machen, am Sonntag auf jeden Fall die Wohnung für einen kleineren oder größeren Spaziergang zu verlassen.

Der Tag bietet Ihnen sicherlich zahlreiche Möglichkeiten zum Gestalten kleiner Rituale. Auch Fernsehsendungen bieten sich hervorragend für Rituale an. Das ist wie eine Verabredung mit sich selbst zu einer Sache, die Ihnen Freude bereitet.

Hören Sie auf jeden Fall damit auf, Ihre Lebensumstände als gegeben hinzunehmen! Machen Sie es sich schön! Überprüfen Sie Ihre Gewohnheiten. Denken Sie darüber nach, was Sie mögen und was nicht, und versuchen Sie, das Angenehme so oft wie möglich in Ihren Alltag zu integrieren und das Unangenehme entweder zu eliminieren oder – falls nicht möglich – zu verändern. Ihre eigenen Bedürfnisse sollten Ihre Hauptleitschnur sein.

Kleiner Exkurs für Morgenmuffel

Für Morgenmuffel wiegt jeder Morgen tonnenschwer. Wie ein nasser Sack taumelt man durch die Wohnung und wünscht sich verzweifelt das Wochenende herbei. Da tröstet auch nicht die Tatsache, dass man es als alleinstehender Morgenmuffel ziemlich gut hat. Niemand verlangt in der Frühe von Ihnen Stellungnahmen (geschweige denn Beziehungsdiskussionen!) oder versucht, Ihr Gehirn zu unchristlicher Stunde in Gang zu bringen.

Es ist allerdings nicht zwingend notwendig, dass Sie Ihren Tag jeden Morgen mit verzweifeltem Chaos beginnen. Das Zauberwort heißt in diesem Falle „Organisation". Bereiten Sie Ihre morgendlichen Abläufe so weit wie möglich vor, sodass Sie am Morgen selbst nur noch die nötigsten Handgriffe tun müssen. Stellen Sie also zum Beispiel bereits Ihren Tee oder Kaffee oder was auch immer Sie am Morgen trinken am Abend brühfertig bereit, so dass Sie am Morgen nur noch das Wasser anstellen und Ihr Getränk aufgießen. Probieren Sie es einfach mal aus!

Sie kommen morgens so schwer aus dem Bett? Unter Umständen stehen Sie einfach um die falsche Zeit auf.

Experimentieren Sie mit Ihrer Aufwachzeit, stellen Sie den Wecker mal eine Viertel- oder halbe Stunde früher oder später, vielleicht fällt Ihnen dann nicht nur das Aufstehen leichter, sondern Sie sind insgesamt wacher und kommen besser durch den Tag.

Vielleicht hat Ihre Mutter Ihnen als Kind bereits am Vorabend die Kleidung für den nächsten Tag herausgelegt oder Sie dazu angehalten? Als Kind empfand ich das als blöde Erwachseneneinschränkung meiner Spontaneität. Gelegentlich wissen Mütter aber doch, was gut ist. Neulich habe ich entdeckt, dass dieses Vorgehen eine ungeheure Erleichterung sein kann: Das erspart Ihnen am nächsten Tag die hektische Suche nach zum Beispiel dem zweiten Socken, der natürlich wieder nicht aufzufinden ist, der weißen Bluse, die Sie heute unbedingt wegen einer wichtigen Besprechung tragen müssen, die aber zerkrumpelt im Wäschekorb liegt und eben noch gebügelt werden muss. Schon gerät der ganze Morgen aus den Fugen – und Sie haben noch nicht einmal die Wohnung verlassen! Das kennen Sie selbst sicher zur Genüge.

Auch das morgendliche Durch-die-Wohnung-Hasten und eilige Zusammenpacken Ihrer Siebensachen gehört dazu („Dies brauche ich noch und das und das...“) Viel sinnvoller ist es doch, sich am Vorabend zu überlegen, was man am nächsten Tag benötigt, und seine Siebensachen entsprechend vorzubereiten.

Ich habe lange gezögert, ob ich Ihnen diese Vorschläge machen soll – irgendwie haftet dem Ganzen schon ein wenig militärische Organisation an. Aber solche Dinge entscheiden darüber, wie Sie Ihren Tag beginnen, und tragen erheblich zu Ihrem Wohlgefühl bei. Außerdem hat ein Tag, an dem Sie Ihre Wohnung entspannt verlassen, mehr Aussichten, sich zu einem guten Tag zu entwickeln, als andersrum.

Wahlverwandtschaften

Früher, solange das persönliche Streben der meisten Menschen darauf ausgerichtet war, mit einem Menschen des anderen Geschlechts eine eigene Familie zu gründen, hatten alleinstehende Frauen wenig zu lachen. Mühsam mussten sie sich ihre Nischen suchen. Heute ist das anders. Das Aufweichen der traditionellen Familienstrukturen überhaupt macht es alleinstehenden Frauen einfacher, einen Platz in der Gesellschaft zu finden, der nicht mehr ausschließlich in der Gründung eines eigenen Familienhaushalts besteht. Selbst der Begriff der Familie hat sich verändert, heutzutage muss eine Familie nicht mehr zwangsläufig aus Vater, Mutter, Kind bestehen, sondern kann sich aus einer alleinerziehenden Mutter oder einem alleinerziehenden Vater mit Kind(ern) zusammensetzen oder einem schwulen oder lesbischen Paar mit Kind(ern) oder aus zwei Partnern, die jeweils Kinder aus früheren Partnerschaften mit in die Familie einbringen ... und ganz allmählich scheint sich auch der Begriff der Wahlfamilie durchzusetzen (der ursprünglich aus der schwul-lesbischen Szene stammt), dem der Begriff der Herkunftsfamilie entgegengesetzt ist.

"Wahlfamilie" impliziert, dass Sie sich Ihre eigene Familie schaffen, in der die Werte, die ursprünglich an den Begriff „Familie" geknüpft waren, wieder als Motor fungieren. Ich denke hier vor allem an Dinge wie Geborgenheit, Anteilnahme, Wertschätzung, Verbindlichkeit, Förderung, um nur einige zu nennen; Dinge, die viele Menschen in ihren Herkunftsfamilien nicht erfahren haben. Natürlich kann Ihre Wahlfamilie auch aus Ihrer Herkunftsfamilie bestehen, wesentlich öfter wird jedoch lediglich ein Teil Ihrer Herkunftsfamilie zu Ihrer Wahlfamilie gehören (wenn überhaupt!) und der Rest sich aus dem Freundeskreis oder anderen Menschen, die Ihnen nahe stehen, zusammensetzen. Für Sie als Single sind diese Menschen von unschätzbarem Wert – den Sie freilich selbst erkennen müssen. Solange Sie in der Vorstellung verhaftet bleiben, dass nur eine Partnerschaft Ihnen zu einem vollständigen Dasein verhilft, werden Sie schwerlich in der Lage sein zu erkennen, dass Freundschaften keinen geringeren Stellenwert haben, sondern in ihrer Struktur und ihrer Bedeutung große Ähnlichkeiten aufweisen. Die Menschen aus Ihrem Freundeskreis können Sie ebenso lieben und schätzen wie Geliebte. Warum das gering schätzen?

Natürlich hatte auch ich früher Freundschaften, die ich einfach so hinnahm und über die ich nicht weiter nachdachte. Sie kamen und gingen eben. Rückblickend fürchte ich, dass ich keine besonders gute Freundin abgab. Irgendwie war mein Freund und später die Freundin immer der wichtigere Teil in meinem Leben. Erst als Single habe ich begriffen, was Freundschaften bedeuten können, dass sie gehegt und gepflegt werden müssen, und nicht zuletzt, dass Menschen, die einen schätzen und fördern, einem in gewisser Weise ein Stück Heimat bieten, etwas sehr Kostbares sind, das einer sehr sorgfältigen Behandlung bedarf. Denn das Vorhandensein solcher Wahlverwandtschaften kann ausschlaggebend dafür sein, wie Sie Ihr Dasein als Single (er)leben. Es ist zum Beispiel wahrscheinlich, dass Sie die allseits so gefürchtete Einsamkeit der Singles entweder als nicht vorhanden oder zumindest als weniger bedrückend erleben, wenn Sie Menschen um sich haben, die an Ihrem Leben Anteil nehmen, mit denen Sie sich offen austauschen können – was weit mehr ist, als hin und wieder mal gemeinsam auszugehen.

Auf ihre Weise sind Freundschaften natürlich genauso schwer oder leicht zu finden wie Partnerschaften. Manchen Menschen fliegen sie regelrecht zu, die große Mehrheit muss sie sich jedoch erarbeiten, mit Ehrlichkeit, Offenheit und Verbindlichkeit. Gerade Letzteres halte ich im Umgang mit Wahlverwandtschaft für besonders wichtig. Verbindlichkeit bedeutet zum Beispiel, dass man sich an Terminabsprachen hält, zu einem Treffen nicht ungefragt eine dritte Person mitbringt ("Du hast doch nichts dagegen, wenn XY mitkommt?"), kurz, dass Ihnen Wertschätzung entgegengebracht wird bzw. Sie den anderen Wertschätzung entgegenbringen – und ein gewisses Maß an Offenheit und Ehrlichkeit, so dass auch Auseinandersetzungen möglich sind.

Der Umgang mit Pärchen kann anfangs dazu führen, dass man sich schnell als drittes Rad am Wagen fühlt, für einen frisch gebackenen Single kann es deswegen eine

Zeit lang gut sein, hauptsächlich mit anderen Singles zu verkehren (wenn nicht ohnehin schon Pärchen zu Ihrem festen Freundeskreis gehören), da sich hier Verbindlichkeit fast von allein einstellt – sofern die andere Person nicht all ihr Sinnen darauf gerichtet hat, so schnell wie möglich eine neue Partnerschaft einzugehen und Sie eigentlich nur als Notnagel benutzt. Von einer solchen „Freundschaft" würde ich abraten. Da Sie es darauf anlegen, es sich so gut wie nur irgend möglich gehen zu lassen: Trennen Sie sich, soweit es geht, im privaten Bereich von Menschen, in deren Gegenwart Sie sich unwohl fühlen oder die Sie selbst mit negativen Eigenschaften belegen. Das wird Ihnen gut tun.

Wenn Sie überhaupt keine Freunde haben, wird es Zeit, sich welche zu suchen. Ein guter Ausgangspunkt ist auf jeden Fall ein gemeinsam gepflegtes Interesse. Im Zweifelsfall suchen Sie sich eine Gruppe oder einen Kurs und versuchen Sie, dort Kontakte zu knüpfen – und geben Sie nicht auf, wenn es nicht auf Anhieb klappt. Oder fragen Sie eine Person, die Sie immer schon interessiert hat, einfach mal, ob Sie Lust hat, mit Ihnen etwas zu unternehmen oder etwas trinken zu gehen? Es ist natürlich auch möglich, einfach ein Inserat in einer Zeitung oder im Internet aufzugeben. (Auch auf den Seiten der Partnerschaftsagenturen tummeln sich jede Menge heterosexueller Frauen, die „nur" eine Freundin suchen.) Geradezu genial erscheint mir die Möglichkeit für ältere Semester, Leihoma zu werden. Nähere Infos gibt es unter www.leihomas-leihopas.de. Oder erkundigen Sie sich bei den örtlichen sozialen Einrichtungen, womöglich verschaffen Sie damit nicht nur sich selbst ein großes Stück

Lebensfreude, sondern entlasten außerdem gestresste Mütter. Diese Option steht natürlich allen offen – nicht nur den älteren Damen! Oder werden Sie anderweitig ehrenamtlich aktiv. Sie sehen, Möglichkeiten gibt es wie Sand am Meer, Sie müssen nur herauskommen aus Ihrem Schneckenhaus ...

Kleiner Exkurs für Stubenhocker

So oder so müssen Sie unbedingt mehr oder weniger regelmäßig unter Leute. Achten Sie darauf, dass Sie nicht vor dem Fernseher vereinsamen. Menschen auf dem Bildschirm oder „im Computer" sind kein Ersatz für ein lebendiges Gegenüber. Gelegentlich reicht es auch schon, andere Menschen zu sehen, ohne mit ihnen zu sprechen, darunter fällt auch ein Discobesuch oder ein Spaziergang, den Sie ohne Begleitung unternehmen. Auch ein Blick ist Kommunikation und niemals bedeutungslos, schließlich hat Sie gerade jemand wahrgenommen und allein diese Tatsache ist für Singles von unschätzbarem Wert.

Grundsätzlich sollten Sie sicher so viele Gelegenheiten wie nur möglich nutzen, um mit anderen Menschen zusammenzukommen. Ein gewisses Maßhalten ist trotzdem ratsam. Wie viel oder wenig Sie als angenehm empfinden, hängt von Ihnen ganz persönlich ab. Wenig gewonnen haben Sie allerdings, wenn Sie sich in ein hektisches soziales Leben stürzen und die Augenblicke mit sich allein auf ein Minimum beschränken. Um sich selbst wahrnehmen zu können, ist es wichtig, hin und wieder mit sich allein zu sein.

Machen Sie sich auf jeden Fall mit dem Gedanken vertraut, dass Sie die Verantwortung für Ihr Leben selbst übernehmen müssen, statt sie anderen zu überlassen. Das steigert Ihre Lebensqualität enorm!

Um das Alleinsein genießen zu lernen, ist es wichtig, auch und gerade die Dinge, die Sie bislang vielleicht nur mit Partner unternommen haben, allein zu tun. Wenn Ihnen das schwer fällt, bauen Sie sich Krücken für den Anfang – wenn Sie hartnäckig bleiben, werden Sie sie irgendwann nicht mehr benötigen. Macht Ihnen ein Spaziergang allein keinen Spaß, können Sie zum Beispiel einen Walkman mitnehmen oder sich in Gedanken mit einem imaginären Gegenüber unterhalten. Oder beobachten Sie die Menschen, die Ihnen begegnen. Das hilft auch in der Disco oder woanders.

Es gibt wirklich zahlreiche Möglichkeiten, sich innerlich mit anderen Menschen zu verbinden, ohne sie anzusprechen. Ich habe mir zum Beispiel ein kleines Spiel ausgedacht: Wann immer ich mit den öffentlichen Verkehrsmitteln unterwegs bin, sehe ich mir die Menschen um mich herum an und überlege mir, was mir an bestimmten Personen gefällt, das kann mal eine schöne Hose sein und mal die Form eines Mundes, oder was auch immer. Letzten Endes geht es darum, sich nicht nur wahrnehmen zu lassen, sondern umgekehrt auch die anderen wahrnehmen zu wollen.

Gehören Sie auch zu den Menschen, die den Kopf senken, wenn ihnen andere begegnen? Wie wäre es denn, wenn Sie beschlössen, von heute an nie mehr den Kopf vor jemandem zu senken? Spazieren gehen bietet sich hier wunderbar zur Übung an. Sie müssen den anderen dazu nicht unbedingt ins Gesicht sehen. Aber Sie müssen mit jedem Menschen, der Ihnen entgegenkommt, Kontakt aufnehmen (Wer kommt da? Guckt er oder sie?). Im entscheidenden Moment können Sie auch in die Bäume schauen oder in die Wolken oder zur Seite ... Hauptsache, nicht nach unten. Zugegeben, das ist ganz schön anstrengend. Aber hinterher werden Sie nicht das Gefühl haben, allein spazieren gegangen zu sein – schließlich sind Ihnen heute eine Menge Menschen begegnet. Und glauben Sie mir, es wird sich früher oder später ganz von allein einstellen, dass Sie anderen ins Gesicht schauen, manchmal, wenn Ihnen danach ist.

Scheuen Sie sich nicht, auch mal Ungewohntes und ungewöhnlich Erscheinendes auszuprobieren. Kürzlich habe ich gelesen, dass immer dann, wenn man sich etwas traut, im Körper Glückshormone freigesetzt werden. Ein kleines Beispiel aus meinem eigenen Erfahrungsschatz: Vor einigen Jahren habe ich mir im Kino allein einen Film angesehen. Leider entpuppte er sich als abgrundtief bestürzend. Die Vorstellung, mit diesen aufwühlenden Bildern allein nach Hause gehen zu müssen, fand ich so schrecklich, dass ich meine Schüchternheit überwand und eine andere Frau, die ebenfalls allein im Kino war, fragte, ob sie Lust hätte, mit mir in der Kneipe gegenüber noch etwas zu trinken. Was glauben Sie? Die Dame hat sich gefreut! Wir haben etwas getrunken, ein wenig miteinander geplaudert und auch die Telefonnummern ausgetauscht. Zwar haben wir nie wieder voneinander gehört, aber zumindest war durch das Gespräch beim Nachhausekommen der Film schon wieder weit entfernt und allein das ist es schon wert gewesen ... abgesehen davon, dass ich mich heute noch darüber freue, dass ich bei dieser Gelegenheit über meinen Schatten gesprungen bin. Je öfter man springt, umso leichter wird es natürlich ...

Noch ein Wort zum Alleinausgehen: Mein ganz persönlicher Eindruck ist, dass Singles mehr und mehr aus der Öffentlichkeit verschwinden, was eigenartig ist, denn sie werden ja nicht weniger. Tatsächlich stelle ich an mir selbst so eine Art Ermüdungserscheinung fest, allein auszugehen. Auch das ist eigenartig, da ich schon seit Jahren allein auf die Piste gehe. Offensichtlich packt auch mich der Drang, mich hinter einer anderen Person oder einer Gruppe verstecken zu wollen, nicht mehr öffentlich als Single sichtbar zu sein. Dabei schaden wir mit diesem Verhalten vor allem uns selbst. Statt uns hinter anderen zu verstecken, sollten wir uns zeigen, einander und den anderen, uns vergewissern, dass es uns gibt!

Sei freundlich zu deinem Leib ...

Hatten Sie sich eigentlich nicht schon vor halben Ewigkeiten vorgenommen, sich in irgendeiner Weise sportlich zu betätigen, dies aber aus Zeit- und Lustmangel immer wieder auf die lange Bank geschoben? Jetzt ist der richtige Moment, um diesen guten Vorsatz wieder hervorzuholen und zu entstauben. Gute Gründe dafür gibt es genug: zum Beispiel, dass das Immunsystem durch regelmäßigen Ausdauersport auf Trab gebracht wird und bei körperlicher und psychischer Belastung weniger entzündungsfördernde Stresshormone produziert, die Bewegung also insgesamt belastbarer macht und Stress abbaut. Gerade der Stressabbau ist ein wirklich unschlagbares Motiv für sportliche Betätigung, das kann ich aus eigener Erfahrung bestätigen. Dafür müssen Sie im Grunde genommen nicht einmal so etwas wie Aerobic oder ähnlich anstrengende Sportarten betreiben, ein langer Spaziergang oder eine zweistündige gemächliche Radtour tun es ebenso.

Abgesehen davon ist sportliche Betätigung eine wunderbare Methode, um sich selbst auf eine ganz neue Art zu begegnen, etwa indem man im Laufe der Zeit ein ganz neues Körpergefühl entwickelt. Übrigens wirkt sich Muskelarbeit direkt aufs Hirn aus. Denkprozesse verändern sich interessanterweise schon beim Gehen messbar. (Vielleicht haben Sie selbst schon einmal die Erfahrung gemacht, dass sich nach einem Spaziergang plötzlich Lösungen für Probleme anboten, die Sie vorher nicht sehen konnten?)

Für eine regelmäßige sportliche Betätigung ist es nicht zwingend notwendig, dreimal pro Woche ein Fitnessstudio aufzusuchen. Wenn Sie nicht gerade extrem diszipliniert sind, laufen Sie dann eher Gefahr, Ihre guten Vorsätze durch zu hohen Leistungsdruck zu sabotieren. Für Untrainierte kann eine Stunde in der Woche durchaus reichen. Wichtig ist dabei lediglich, dass Herz und Kreislauf, Muskelaufbau, Dehnung und Koordination berücksichtigt werden. Wenn das keine Motivation für Sie ist!

Ich kann Ihnen aus eigener Erfahrung versichern, dass sich auch mit einem Schmalspurtraining sichtbare und fühlbare Ergebnisse erzielen lassen! Es wird Ihnen sicherlich leichter fallen, Ihren inneren Schweinehund zu besiegen, wenn Sie sich eine Sportart aussuchen, die Ihnen wirklich liegt und an der Sie Spaß haben. Vielleicht ist Ihnen die Kombination von Bewegung und Musik wichtig? Oder nehmen Sie einen Problembereich als Ausgangspunkt, wenn Sie zum Beispiel häufig unter Rückenschmerzen leiden, böte sich eine Gymnastik mit Aufbautraining an. Sie glauben gar nicht, was sich hier durch regelmäßiges Training bewirken lässt! Wichtig ist einfach, dass Sie Dauer und Zeitintervalle Ihres Trainings gut bewältigen können und sich hinterher besser fühlen. Ein schönes

Sportoutfit kann übrigens dazu beitragen, ein regelmäßiges Training gern in Angriff zu nehmen.

Persönlich finde ich übrigens, dass Schwimmen die perfekte Sportart für Singles ist: Schwimmen können Sie zum Beispiel auch, wenn Sie nicht (mehr) so gut zu Fuß sind, Sie bewegen den ganzen Körper in Ihrem Tempo und, was viel wichtiger ist, es schwimmt sich am besten allein. Sich dabei zu unterhalten ist einfach schwierig. Nicht zu vergessen, dass Schwimmen auch ein meditatives Element enthält, das sehr zur Entspannung beiträgt. Außerdem haben viele Schwimmbäder mittlerweile auch bis in die Abendstunden geöffnet, was zwei Vorteile hat: Sie können als Berufstätige während der Woche schwimmen gehen und es ist dann nicht so überlaufen – Kinder treffen Sie in den Abendstunden kaum in einem Schwimmbad an ... Sie können nicht schwimmen? Was hält Sie davon ab, es zu lernen, das können Sie auch noch mit sechzig oder siebzig ...

Beim Thema Fitness denken die meisten Menschen heute an ein Fitnessstudio. Dies muss aber nicht zwangsläufig sein, es gibt auch für den schmalen Geldbeutel Möglichkeiten für körperliche Aktivitäten. In Sportvereinen zahlen Sie zum Beispiel meist nur einen Bruchteil dessen, was Sie in ein Fitnessstudio tragen würden.

Natürlich können Sie sich auch zu Hause sportlich betätigen, aber früher oder später werden Sie es vermutlich doch wieder bleiben lassen. Zusammen macht es einfach mehr Spaß. Für Sie als Single ist es ohnehin eine wunderbare Gelegenheit, sich unter anderen Menschen aufzuhalten (und eventuell neue Kontakte zu knüpfen?). Eine Zwischenlösung könnte natürlich sein, dass Sie sich entweder eine Videokassette mit Sportübungen besorgen oder bei einer Gymnastiksendung im Fernsehen mitmachen. Ihre Gruppe ist dann zwar eher virtueller Natur, aber Sie haben doch in gewisser Weise Gesellschaft.

Sie finden sich zu dick oder zu unansehnlich, um in einem Sportverein in Erscheinung zu treten? Dann beurteilen Sie Ihre Mitmenschen entweder selbst überkritisch oder lassen sich von einem fadenscheinigen Argument ins Bockshorn jagen. Denn die meisten Menschen, die Sport in einer Gruppe betreiben, sind wegen des Sports da und nicht, um sich die Mäuler über das Aussehen anderer Menschen zu zerreißen. Und ganz ehrlich: Man muss nicht unbedingt dick sein, um eine blöde Figur abzugeben. Es wird Ihnen das Training auf jeden Fall erleichtern, wenn Sie sich solche Gedanken grundsätzlich aus dem Kopf schlagen. Falls diese Argumente bei Ihnen nicht auf fruchtbaren Boden fallen, versuchen Sie eine Gruppe zu finden, die sich gezielt an übergewichtige Menschen richtet und deren besondere Problematik berücksichtigt. (Ohnehin gilt grundsätzlich, dass die Chancen, über einen längeren Zeitraum dabei zu bleiben, ganz wesentlich davon abhängen, wie aufgehoben Sie sich in einer Gruppe fühlen.)

Auch sonst können Sie einiges zur Steigerung Ihres Körperempfindens tun. Wichtig finde ich zum Beispiel, den eigenen Körper bei der Körperpflege ausgiebig zu verwöhnen und sich dabei möglichst viel zu berühren, vor allem, wenn Sie in diesem Punkt prinzipiell zu kurz kommen – sei es, weil Sie körperliche Berührung eher scheuen oder sei es, weil eben niemand da ist. Es ist ein wunderbares sinnliches Erlebnis mit dem eigenen Ich, sich beim Duschen oder Baden oder nachher ausgiebig einzuölen oder sich beim Baden öfter mal gründlich die Gliedmaßen zu lockern und zu massieren. Eine Berührung ist nicht einfach nur eine Berührung, sondern vielmehr eine Bestätigung Ihrer Existenz – was äußerst beruhigend ist.

Über die Notwendigkeit, den Körper mit ausgewogener Nahrung zu versorgen, möchte ich mich an dieser Stelle nicht weiter auslassen, dazu gibt es nun wirklich genügend Literatur. Einen kleinen Literaturhinweis habe ich aber dennoch für Sie: „Beauty Food" enthält neben gesunden, leckeren Rezepten für eine Person auch Vorschläge für Wellness zu Hause, bei denen Sie sich ausgiebigst um Ihren Körper kümmern und eventuell sogar dem „Bloody Sunday" ein Schnippchen schlagen können.

Das kleine Glück

Glück ist etwas ganz und gar Subjektives, kaum begreiflich, schwer zu erfassen. Sehr viele Menschen mögen „das Glück" als etwas Absolutes verstehen, vielleicht als Erfüllung eines Lebenstraumes, wie ein Lottogewinn, eine steile Karriere, Schönheit oder Liebe, als wäre mit Erreichen dieses Zieles auch ihr Menschwerden vollendet. Daraus ergibt sich häufig die Schlussfolgerung, dass Glücklichsein erst unter der und der Bedingung möglich ist, also stets auf unbestimmte Zeit verschoben wird. Sie tun sich selbst keinen Gefallen, wenn Sie Ihr Leben auf diesen einen Aspekt ausrichten – dieser Blickwinkel wird allenfalls dazu führen, dass Sie das Gefühl haben, das Leben laufe an Ihnen vorbei. Dabei findet Ihr Glück hier und jetzt statt, wenn auch in einer Form, die Ihnen selbst gar nicht so bewusst sein mag. Letzten Endes sind es nämlich die kleinen Dinge, die zählen.

Glücklicherweise lässt sich die Fähigkeit zum Glücklichsein erlernen. Führen Sie zum Beispiel ein kleines Glückstagebuch, in dem Sie jeden Tag die kleinen Dinge notieren, die Sie glücklich gemacht haben. Dazu gehört auch, dass Sie sich der allgegenwärtigen Reizüberflutung entziehen und sich auf die für Sie wesentlichen Dinge zu konzentrieren versuchen. Auch scheinbare Kleinigkeiten wollen ausgekostet werden. Verwöhnen Sie Ihre Sinne, etwa indem Sie sich nur noch Kleidungsstücke anschaffen, die sich auf Ihrer Haut angenehm anfühlen. Das Tragen eines bestimmten Kleidungsstücks an sich mag eine Kleinigkeit sein, kann aber durchaus dazu beitragen, dass ein völlig verkorkster Tag doch noch einen versöhnlichen Ausgang nimmt – und das ist keine Kleinigkeit mehr.

Wenn Sie finden, dass Sie gerade mal (wieder?) nichts zu lachen haben, könnte folgender Jin-Shin-Jyutsu-Griff Sie wieder positiver stimmen: Legen Sie für mindestens zehn Minuten Ihre Hände links und rechts in die Leistenbeuge. Dieser Griff wird unter anderem „Tor zur Freude" genannt und kann ein Lächeln auf Ihr Gesicht zaubern – einfach so.

Versuchen Sie das Leben von einer positiven Seite aus zu sehen (sicher erinnern Sie sich an das halb volle bzw. halb leere Glas?). Den Spruch „Für jede Tür, die sich schließt, öffnet sich eine andere" finde ich extrem hilfreich in Situationen, die anders gelaufen sind, als gewünscht. Auch eine gewisse Risikobereitschaft gehört dazu. Wenn Sie Risiken grundsätzlich meiden, laufen Sie nicht Gefahr zu scheitern oder sich lächerlich zu machen – aber Sie berauben sich auch der Möglichkeit, Erfolg zu haben. Dazu gehört etwa auch, mal einen Blick zu riskieren oder einen Satz.

In einer Fernsehsendung, die ich einmal zum Thema Glück gesehen habe, haben etwa vier der sieben Teilnehmer, auf die Frage, wann sie sich glücklich fühlen, ziemlich übereinstimmend geantwortet: Wenn sie so intensiv mit einer Sache beschäftigt sind, dass sie in Selbstvergessenheit geraten, völlig eins sind mit sich und der Welt und alles in ihrem Leben sich an seinem richtigen Platz befindet. Zum einen fand ich das wunderbar formuliert, zum anderen kann ich das aus eigener Erfahrung nur bestätigen. Dieser Zustand wird von Wissenschaftlern übrigens Flow genannt, ich habe ihm den Namen „Das kleine Glück" verpasst.

Das Herrliche am kleinen Glück ist, dass es nicht nur ungefragt bei Ihnen auftauchen kann, sondern dass Sie eine ganze Menge dafür tun können, solch vollkommene Glücksmomente zu erleben – und dass Sie dazu nicht unbedingt einen anderen Menschen brauchen – auch wenn das Zusammensein mit netten Menschen, die Sie lieben und schätzen, zweifellos sehr zum Erleben von Flow beiträgt. Eigentlich ist es ganz leicht: Sie brauchen eine Beschäftigung, die Sie so gefangen nimmt, dass Sie alles um sich herum vergessen. Das kann im Grunde genommen fast jede Beschäftigung sein, die Sie so fesselt, dass Sie nur noch *sind*. Jede kreative Betätigung ist beispielsweise bestens dafür geeignet, und es ist vollkommen egal, ob sie ein intellektuelles Element enthält oder nicht: Basteln, gärtnern, schreiben, kochen, töpfern, schreinern, malen, eine eigene Internetseite basteln ... anything goes. Hauptsache, Sie fordern sich selbst heraus, leben Ihre Talente und Möglichkeiten aus.

Viele Menschen haben bereits eine Beschäftigung für sich gefunden, die sie in den glücklichen Zustand der Selbstzufriedenheit versetzt. Wenn Sie keine haben, suchen Sie sich eine. Vielleicht gibt es da ja etwas, was schon lange in Ihnen gärt, etwas, was Sie immer schon einmal probieren wollten. Und wenn nicht, dann gehen Sie zurück in Ihre Vergangenheit, in Ihre Pubertät oder Kindheit. Irgendetwas werden Sie dort bestimmt entdecken: Vielleicht haben Sie als Kind gern gemalt, wurden aber von Erwachsenen für untalentiert befunden und haben dieses Hobby daraufhin frustriert aufgegeben. Was spricht dagegen, es jetzt wieder aufleben zu lassen – vorausgesetzt, Sie vergessen die kritischen Stimmen von einst.

Wenn Ihnen so ganz und gar nichts einfallen mag, experimentieren Sie: Kaufen Sie sich einen Blanko-Kalender und basteln Sie sich Ihren eigenen Kalender mit Postkarten oder schneiden Sie Illustrierte auseinander; basteln Sie Collagen; versuchen Sie es mit Töpfer-Ersatzprodukten, die mit Wasser angerührt und an der Luft getrocknet werden können, bepflanzen Sie Ihren Balkon, probieren Sie eigene Kochrezepte aus, kaufen Sie sich Modellbausätze oder ein Puzzle, schreiben Sie, was immer Ihnen einfällt (wenn Sie gar keine Idee haben, versuchen Sie sich mal an einem Limerick), malen Sie (wenn Ihnen Gegenständliches schwer fällt, sind Aquarellfarben eine wunderbare Sache) ...

Mir ist übrigens aufgefallen, dass es vor allem Frauen der älteren Generation schwer fällt, etwas herzustellen, das keinen „Sinn“ und keine Funktion hat und außerdem für niemand Besonderen bestimmt ist. Aber das ist es. Was Sie tun, ist für Sie bestimmt. Sie müssen das Ergebnis auch nicht unbedingt jemandem zeigen. Das Ergebnis ist nicht das wirklich Wichtige. Das Glück liegt im Weg, nicht im Ziel.

Es gibt natürlich Tätigkeiten, die sich in einem Zwischenbereich befinden. Musik machen zum Beispiel ist eine wunderbare Sache, vorausgesetzt, Sie beherrschen bereits ein Instrument. Das Spielen eines Instrumentes in Eigenregie zu lernen, ist eher nur besonders musischen Menschen gegeben; im Regelfall werden Sie also einen Lehrer brauchen und dann auch nicht mehr „nur so" herummusizieren (obwohl das natürlich auch möglich ist!) und sich Lob und Kritik unterwerfen müssen (Sie hören schon: als Kind habe ich recht traumatische Blockflötenstunden über mich ergehen lassen müssen!). Aber das soll Sie natürlich nicht davon abhalten, wenn Sie immer schon davon geträumt haben, ein bestimmtes Instrument zu lernen. Falls das gewünschte zu teuer ist, gibt es eventuell Alternativen, an die Sie bislang noch nicht gedacht haben: Vielleicht kaufen Sie sich ein gebrauchtes Instrument oder leihen sich eines aus?

Apropos Musik: Singen scheint ebenfalls eine ganz wunderbare Sache zu sein, die sich positiv auf Körper und Seele auswirkt. Jedenfalls habe ich in mehr als einem Buch den Rat gefunden, emotionalen Wechseljahresproblemen singend zu Leibe zu rücken.

Wofür immer Sie sich letzten Endes auch entscheiden: Hauptsache, es macht Ihnen Spaß und Sie kommen sich selbst näher!

Dinner for one

Essen: ein leidiges Thema für Singles. Aus deren Not schlagen ganze Wirtschaftszweige Kapital. Nicht umsonst konsumieren Singles mehr Fertiggerichte als andere Bevölkerungsgruppen. Sie kennen das wahrscheinlich selbst: Morgens schnell eine Schale Cornflakes (vielleicht auch noch im Stehen) heruntergeschaufelt – sofern Sie überhaupt frühstücken – mittags Essen aus der Kantine oder Currywurst vom Imbiss, abends schnell ein Fertiggericht aufgewärmt und vor dem Fernseher verputzt (schließlich bietet der einem auch eine Art von Gesellschaft).

Am Essen zeigt sich das ganze „Drama" des Singleseins. Essen ist weit mehr als Nahrungsaufnahme – Essen hat zu tun mit Versorgen, Liebe, Leidenschaft. Gerade in Beziehungen wird Essen ein hoher Stellenwert eingeräumt – wo es die Paare miteinander verbindet, als Liebesbeweis dienen oder verführen kann. Für die meisten Singles hingegen scheint an dieser Stelle ein schwarzes Loch zu klaffen. Dabei haben die meisten durchaus eine recht genaue Vorstellung davon, dass es auch anders sein könnte, als oben beschrieben. „Natürlich *könnte* ich es mir schön machen ... den Tisch ordentlich decken,

Kerzen anzünden ..." ist jedenfalls kein seltener Ausspruch von Singles, wenn es ums Essen geht. Doch immer schwingt unausgesprochen ein „Wozu?" mit: Als wäre die schöne Atmosphäre weniger schön, weil Sie allein sind; als wäre es irgendwie *vergeudete* Mühe, wenn niemand anderer als Sie selbst sehen kann, wie schön der Tisch gedeckt ist (womit auch das bewundernde Lob eines Gegenübers ausbleibt) und last, but worst, als wären Sie selbst den Aufwand nicht *wert*. Schätzen Sie sich selbst wirklich so gering?

Es gibt für Sie als Single keinen – wirklich keinen! – Grund, Essen der damit verbundenen Aspekte von Versorgen, Liebe und Leidenschaft zu berauben. Sie haben lediglich ein Programm unter falschem Namen abgespeichert (was der Grund dafür sein könnte, dass Sie es nicht wiederfinden!). Dabei ist es eigentlich ganz einfach.

Zeigen Sie sich, dass Sie der Mühe wert sind, ordentlich versorgt zu werden, und beweisen Sie sich so Ihre Liebe zu sich selbst. Es wird nicht von Ihnen erwartet, täglich ein Drei-Sterne-Menü zu zaubern – auch eine Beziehung würde das wohl kaum von Ihnen erwarten! Am Anfang werden Sie sich vielleicht blöd vorkommen. Ignorieren Sie solche Gefühle, machen Sie einfach weiter, früher oder später haben Sie das Programm mit dem richtigen Namen verinnerlicht. (Sicher haben Sie schon mal von dem psychologischen Trick gehört, dass man lächeln soll, wenn man sich deprimiert fühlt, irgendwann wird man dann tatsächlich lächeln – mit dem Alleinessen ist das nicht anders).

Schaffen Sie sich einen richtigen Essplatz und sorgen Sie dafür, dass es der Essplatz bleibt und der Tisch nicht binnen kurzem völlig zugemüllt ist (niemand hat Lust, sich an einen Tisch zu setzen, wenn er vorher immer erst mühsam freigeräumt werden muss!). Persönliche Gegenstände, die zu Ihrem Wohlgefühl beitragen, helfen dabei, dass Sie sich gern an Ihren Essplatz setzen.

Sorgen Sie unbedingt dafür, dass Ihre Küche mindestens einmal am Tag aufgeräumt ist und sich nicht der Abwasch einer Woche stapelt. Jeder noch so gute Wille wird nämlich im Keim erstickt, wenn Sie erst eine Stunde lang den Abwasch machen müssen. Naturgemäß benötigen Sie ohnehin meist genau ein Utensil, das schmutzig ist. Um sich kreativ entfalten und Spaß an der Sache entwickeln zu können, brauchen Sie einen leeren Raum um sich herum. Abgesehen davon, dass ein Abwasch, der noch erledigt werden muss, Sie so lange nerven wird, bis Sie ihn gemacht haben. Den Stress können Sie sich wirklich ersparen.

Am Anfang können Sie es ruhig langsam angehen lassen. Versuchen Sie, wenigstens einmal am Wochenende, besser noch einmal am Tag eine warme Mahlzeit zuzubereiten. Wenn Sie berufstätig sind, wird das wohl eher das Abendessen sein. Überlegen Sie sich vorher, worauf Sie jetzt Appetit haben. Wenn Ihnen das Schwierigkeiten bereitet, kochen Sie Ihre Lieblingsmahlzeiten oder suchen Sie nach Rezepten mit Ihren Lieblingszutaten. Wenn Sie kein Kochbuch haben und online sind: Im Internet gibt es zahlreiche ansprechende Internetseiten mit Rezepten. Oder lassen Sie sich von einer der zahlreichen Kochsendungen im Fernsehen inspirieren. Möglicherweise haben Sie ja schon lange mit einer besonderen Landesküche oder Kochschule geliebäugelt, dann wäre jetzt der geeignete Augenblick, um sie auszuprobieren. Vielleicht kaufen Sie sich ja auch neues Geschirr, das Ihnen ganz besonders gefällt?

Nehmen Sie sich auf jeden Fall Zeit für die Zubereitung. Möglicherweise werden Sie dabei entdecken, was für eine Freude Kochen bereiten kann. Falls Sie allerdings kochen einfach hassen (unter Frauen gar nicht so selten!) –, dann bereiten Sie eben Ihre Fertiggerichte so liebevoll wie möglich zu. Hier und dort sind sicherlich auch noch kleine Verfeinerungen möglich, die Ihnen die Illusion vermitteln mögen, selbst gekocht zu haben. Versuchen Sie aber, sich gut zu versorgen, indem Sie auf Ausgewogenheit achten. Nicht nur Ihre Seele, auch Ihr Körper wird es Ihnen danken!

Der Einstieg wird Ihnen eventuell leichter fallen, wenn Sie Ihre Mahlzeit zunächst nach Belieben richtig zelebrieren, Ihren Essplatz wie im Restaurant mit Platzdeckchen, Servietten und Kerzen dekorieren. Wenn Sie sich daran gewöhnt haben, allein zu kochen und zu essen, werden solche Inszenierungen sich von allein reduzieren, auf Gelegenheiten, bei denen Sie es sich mal so richtig schön machen wollen.

In China hat man sehr genaue Vorstellungen vom Rahmen der Nahrungsaufnahme. Einiges davon habe ich mir abgeschaut, weil ich es für die Gewöhnung an das Alleinessen extrem hilfreich fand: sich immer an den

Tisch setzen, sich ohne Ablenkung (kein Fernseher, kein Buch, keine Musik) ausschließlich auf das Essen konzentrieren, will heißen, all Ihre Gedanken sollten idealerweise um das Essen vor Ihnen auf dem Tisch kreisen: Schmeckt es Ihnen? Welche Zutaten können Sie herausschmecken? Was könnte das Gericht noch verbessern? Wie wäre es, wenn Sie statt Gewürz X Gewürz Y verwendeten? Oft fallen einem dabei noch andere Gerichte ein, die man gern wieder einmal essen würde ... Gegen das Schlingen hilft das Essen mit Stäbchen ganz wunderbar.

Probieren Sie es einfach einmal aus und bleiben Sie eine Weile dabei, ich bin sicher, Sie werden das gern auf die restlichen Tagesmahlzeiten ausdehnen (sofern Sie sie zu Hause einnehmen), denn es fühlt sich einfach zu gut an! Ihre Börse wird sich übrigens auch freuen. Fertiggerichte und Butterbrote sind auf die Dauer viel teurer als gekochte Mahlzeiten.

In der Ruhe liegt die Kraft

Mit sich selbst eins sein, den eigenen Weg finden und ihm folgen ist sicherlich für alle Menschen wichtig. Für Sie als Single gilt dies ohne die Ablenkung einer Partnerschaft besonders. Jetzt haben Sie Gelegenheit, herauszufinden, wer Sie eigentlich sind und was Sie vom Leben wollen. Dazu ist es notwendig, dass Sie sich regelmäßig entspannen, denn Ihre Wünsche, Träume und Ideen brauchen Raum und Zeit, um sich zu entfalten. Wie Sie das tun, ist irrelevant. Gehen Sie spazieren, nehmen Sie Bäder, machen Sie Yoga, Qi Gong oder liegen oder sitzen Sie einfach nur so herum und lassen dabei Ihre Gedanken wandern.

Visualisierungen sind ebenfalls bestens dafür geeignet, sich selbst eine entspannende Freude zu bereiten. Wenn Sie unter Erschöpfung und Überarbeitung leiden, hilft folgende imaginäre Reise, der Sie täglich etwa eine Viertelstunde Zeit widmen sollten (das geht auch prima vor dem Einschlafen!): Schließen Sie die Augen und versetzen Sie sich in Ihre Lieblingslandschaft. Stellen Sie sich einen Weg vor, der zu Ihrem Traumhaus führt und richten Sie es nach und nach ein. Beobachten Sie, wie Ihr Haus allmählich wächst und sich füllt und sich eventuell im Laufe der Zeit auch verändert. Gehen Sie jeden Tag in Ihr Haus oder die Umgebung. Allmählich wird so ein Ort entstehen, der nur Ihnen ganz allein gehört und in dem Sie Ruhe und Entspannung finden und sich geborgen fühlen.

Oder stellen Sie sich vor, Sie stünden vor einer Gartenpforte zu einem Garten, der nur Ihnen gehört. Wie sähe die Pforte aus und wie der Garten? Welche Pflanzen sollten dort wachsen etc. ?

Auch entspannende Musik ist gut zum Relaxen geeignet. Oder schaffen Sie sich eine CD mit Tiergeräuschen oder Meeresbrandung an. Das gleichmäßige Rollen des Meeres soll die Gehirnströme besonders beruhigen. Finden Sie heraus, was Ihnen gefällt. Mich beruhigen zum Beispiel Walgesänge ungeheuer – meine Schwester findet sie supergruselig – Geschmäcker sind eben verschieden!

Kleiner Exkurs für Angsthasen

Ich finde es immer wieder verblüffend, wie viele Menschen im Grunde ihres Herzens unglücklich und mit ihrem Leben unzufrieden sind und nichts dagegen unternehmen. Sie stehen morgens auf, gehen arbeiten, kommen nach Hause, essen, sehen fern, gehen schlafen und träumen in all der Zeit von jener anderen Person, die sie wieder glücklich machen würde. Und in der Zwischenzeit zieht das Leben einfach mehr oder weniger ungelebt an ihnen vorbei. Das ist traurig. Als seien sie selbst ein leerer Raum, den nur ein anderer Mensch füllen könnte. Warum auf das Leben verzichten? Es mag sein, dass Sie sich wie eine unbewohnte Wohnung fühlen oder sich selbst nicht leiden können, aber warum wollen Sie das einfach so hinnehmen? Was haben Sie dabei schon zu verlieren? Im Grunde doch nur ein langweiliges, von unerfüllten Sehnsüchten geprägtes Leben. Dass Sie dieses Buch jetzt in den Händen halten, ist ja schon Beweis genug dafür, dass Sie sich eine Veränderung wünschen. Aber die Veränderung muss in Ihnen stattfinden.

Stellen Sie sich selbst als die Person vor, die Sie gern sein möchten. Es ist dabei vollkommen irrelevant, dass Sie diese Person jetzt vielleicht nicht sind – es ist möglich, seiner Wunschvorstellung von sich selbst nahe zu kommen! Je konkreter Ihr Bild von sich selbst ist, umso besser. Wichtig ist lediglich, dass Sie diese Übungen über einen längeren Zeitraum hinweg regelmäßig machen. Natürlich werden Sie dadurch nicht über Nacht zu einem anderen Menschen, aber Ihnen werden in der Folge möglicherweise Wege einfallen, wie Sie Ihrer Wunschvorstellung von sich selbst näher kommen: In nahezu jeder Stadt gibt es mittlerweile Bildungswerke und/oder Volkshochschulen mit einem ziemlich umfangreichen Kursangebot, aus dem Sie sich etwas aussuchen können. Das Wichtigste ist dabei wohl, dass bei Ihnen Denkprozesse in Gang gesetzt werden, dass Ihre Neugierde geweckt wird, Ihre Lust, Dinge auszuprobieren, mit Ihrem Leben herumzuexperimentieren, sich auf Neues einzulassen, auch wenn Sie vorher nicht wissen, wohin es Sie führen wird. Aber alles führt Sie irgendwohin, wenn Sie etwas dabei über sich selbst erfahren – und sei es auch nur, dass eine Sache Ihnen Spaß macht und eine andere vielleicht nicht.

Auch Ihre eigene körperliche Erscheinungsform müssen Sie nicht als gegeben hinnehmen. Ich kenne wirklich sehr viele Frauen, die sich zu dick finden und sehr darunter leiden, aber nicht in der Lage sind, diesen Zustand zu ändern. Wenn es Ihnen auch so geht, sollten Sie sich überlegen, welche Funktion das überflüssige Körperfett für Sie hat, ob es zum Beispiel als vermeintlicher Schutz vor Verletzungen von außen dient? Vielleicht haben Sie irgendwann in Ihrem Leben diesen Schutz benötigt, könnten ihn jetzt aber eigentlich ablegen? Intensive und umfassende Entrümpelungsaktionen könnten Ihnen beim

Loslassen helfen. Und statt die 1001. Diät anzufangen, die Sie doch nicht durchhalten und die Sie noch dicker macht, könnten Sie sich dafür entscheiden, Ihre Ernährungsgewohnheiten grundlegend zu ändern, indem Sie morgens ordentlich frühstücken und abends nur noch eine Kleinigkeit essen. Das Abendessen hin und wieder ausfallen zu lassen soll ebenfalls helfen. Aber das kann natürlich nur funktionieren, wenn Sie tagsüber genug gegessen haben. Wenn Sie sich aushungern, sind kontraproduktive Heißhungerattacken vorprogrammiert. Schließlich wollen Sie es sich ja gut gehen lassen! Kalorienzählen nervt einfach und Sie setzen sich damit auch viel zu sehr unter Druck. Vermutlich werden Sie sehr viel erfolgreicher sein, wenn Sie schrittweise vorgehen und nach und nach zuckerhaltige Lebensmittel reduzieren, öfter mal Vollkornbrot essen und sich sowieso an Lebensmittel halten, die die Fettverbrennung ankurbeln. Natürlich weiß ich um den unschlagbaren Trost, den Süßes in bestimmten Situationen spenden kann! Aber es muss ja nicht gleich ein ganzes Stück Sahnetorte sein, wenn es Sie überkommt. Das geht auch anders. Und langfristig gesehen wird es Ihre Lebensqualität ungeheuer steigern, wenn Sie lernen, Ihre tatsächlichen Bedürfnisse wahrzunehmen und zu befriedigen, statt sie auf Nahrungsmittel zu übertragen.

Dabei könnten Ihnen übrigens auch die Overeaters Anonymus helfen, denn dort werden gleich soziale Kontakte hergestellt, die Teil des Programms sind. Nähere Informationen finden Sie unter www.overaetersanonymus.de oder unter der im Anhang genannten Kontaktadresse.

Falls Sie zu den Frauen gehören, die sich eigentlich von Frauen angezogen fühlen, und diesem Gefühl bislang nicht weiter nachgegangen sind: Was hält Sie davon ab, endlich Schritte in dieser Richtung zu unternehmen? Egal wie alt Sie sind, möglicherweise werden Sie immer das Gefühl haben, Ihr Leben sei unvollständig geblieben, wenn Sie es nicht zumindest einmal ausprobieren. Sie müssen dafür nicht von jetzt auf gleich Ihr ganzes Leben umkrempeln, Sie können sich die Zeit nehmen, die Sie brauchen. Wenn Sie den Schritt in ein Frauen- oder Lesbenzentrum scheuen, gibt es auch noch andere Möglichkeiten. Sie können sich zum Beispiel auf die Suche nach Gleichgesinnten machen, vielleicht werden Sie in den unendlichen Weiten des Internets fündig. Falls Sie als älteres Semester vor der Jugendlichkeit der „Szene" zurückschrecken: Es gibt mittlerweile in vielen Städten Gruppen mit Frauen „ab 30", „ab 40" etc. und Partys, die extra auf die Bedürfnisse der etwas älteren Generation zugeschnitten sind. Falls Sie sich erst mal im Internet umtun wollen, bevor Sie sich nach außen wagen: auf www.konnys-lesbenseiten.de finden Sie Informationen und Links zu allem, was das Lesbenherz begehrt.

Mir hat übrigens die Beschäftigung mit Jin Shin Jyutsu ungeheuer in meiner persönlichen Weiterentwicklung geholfen. Es ist eine relativ alte, weitgehend unbekannte japanische Heilkunst, die Ihnen in diesem Buch hin und wieder begegnet. Das Prinzip des japanischen Heilströmens ist verblüffend einfach: Der Begründer der Lehre des Jin Shin Jyutsu, Jiro Murai, fand heraus, dass im Körper bestimmte Energiebahnen verlaufen, deren Fluss durch Berührungen korrigiert werden kann. Jin Shin

Jyutsu wirkt sowohl auf einer körperlichen als auch auf einer emotionalen Ebene. Im Prinzip ist es so, dass Sie sich selbst durch Handauflegen helfen können. Für Singles also wie geschaffen, da Sie nicht, wie beim Reiki, auf eine andere Person angewiesen sind. Sie benötigen nicht mehr als ein Buch zur Anleitung und zugegebenermaßen ziemlich viel Disziplin, denn die Übungen sollten möglichst täglich gemacht werden. Natürlich gilt auch hier, dass Sie keine Wunder über Nacht erwarten dürfen. Es ist übrigens völlig unerheblich, ob Sie an die Wirkung von Jin Shin Jyutsu glauben oder nicht ... Abstand nehmen müssen Sie auch von der Vorstellung, dass Heilströmen einen anderen Menschen aus Ihnen macht, aber es kann bewirken, dass Sie sich auf vielfältige Art und Weise mit sich selbst auseinandersetzen und es so langfristig gesehen zu Veränderungen kommt.

Was mir an Jin Shin Jyutsu unter anderem sehr gefällt, ist, dass Sie den ganzen spirituellen Überbau (den es natürlich gibt) getrost ignorieren können. Natürlich lassen sich diese Übungen mit einer Art Meditation verbinden, aber ich mache sie beim Bahnfahren und vor dem Fernseher, ohne dass sie ihre Wirksamkeit einbüßen. Das Verrückte am Jin Shin Jyutsu ist, dass es sich dabei um ein Wissen handelt, das Ihr Körper bereits intuitiv besitzt. Vielleicht kennen Sie das, dass Sie Ihre Hand in bestimmten Situationen unbewusst unter die Oberschenkel schieben oder bestimmte Stellen auf dem Rücken berühren, weil Ihnen das Trost gibt.

Ebenfalls hilfreich fand ich die Beschäftigung mit Heilsteinen, wobei hier anzumerken wäre, dass nicht alle

Menschen auf feinstoffliche Energien reagieren, und auch hier gilt natürlich, dass Sie von außen her lediglich Anstöße bekommen, die Sie selbst dann in Ihrem Leben umsetzen müssen.

Wenn es Ihnen schwer fällt, aus der gewohnten Routine auszubrechen und Neues auszuprobieren, habe ich folgenden Tipp, den ich einmal in einem Buch über chinesische Medizin fand: Probieren Sie Veränderung in kleinem Maßstab, indem Sie jeden Tag etwas tun, was Sie sonst nicht tun: Variieren Sie Ihre Wege, wagen Sie sich an neue Rezepte, bewegen Sie sich mal auf ungewohnte Weise, indem Sie rückwärts eine Treppe hinaufgehen, auf einem Bein durch die Wohnung hüpfen, mal mit der anderen Hand als der üblichen schreiben ... Es ist sicher ziemlich egal, was Sie versuchen, der Zweck der Übung ist es, dass Sie Ihr Gehirn für Veränderungen stimulieren ...

Bedrückende Stille

Es gibt verschiedene Arten von Stille, die bei uns ganz unterschiedliche Emotionen auslösen. Da wäre zum Beispiel die eher als angenehm empfundene Stille, eine einfache Abwesenheit von Aufregung und Lärm, oder die Stille, die eher mit einem ruhigen Bei-sich-Sein assoziiert wird. Geplagt werden Singles aber eher von einer Stille, die laut dröhnt und sich tonnenschwer und erstickend auf einen zu legen scheint. Jene Stille ist es, die aus Alleinsein lähmende Einsamkeit macht – sofern wir nicht aufgrund von Taubheit ohnehin an diesen Zustand gewöhnt sind.

Manche Menschen umgehen diesen ungeliebten Zustand, indem sie sich von morgens bis abends mit fremden Stimmen aus dem Radio oder dem Fernsehen umgeben, andere schaffen sich ein Haustier an, mit dem sie reden können.

Kommunikation ist für Menschen überlebensnotwendig. Kleinkinder, denen keine Gelegenheit gegeben wird, ihre eigene Stimme zu hören, können sich nicht richtig entwickeln, habe ich neulich gelesen. Aber auch als Erwachsene bleiben wir angewiesen auf die Kommunikation mit anderen. Niemals werde ich meinen Besuch in einer Arztpraxis vor Jahren vergessen, bei dem eine völlig vereinsamte alte Frau auftauchte. Ganz offensichtlich war sie dermaßen vereinsamt, dass der Arzt der einzige mögliche Ansprechpartner war, an den sie sich wenden konnte. Das war ein Schock ohnegleichen. Bis dahin hatte ich mir nicht vorstellen können, dass man *so* einsam sein könnte. Aber das Entsetzen hatte auch etwas höchst Heilsames: Ich habe dabei begriffen, wie unschätzbar es ist, Menschen zu haben, die am eigenen Leben Anteil nehmen.

Ich glaube, dass jene laute Stille eine direkte Folge fehlender Kommunikation ist. Deshalb sollten Sie Ihrem Kommunikationsbedürfnis so weit Genüge tun, dass Sie Stille grundsätzlich eher als angenehm empfinden können. Suchen Sie sich Ansprechpartner, mit denen Sie sich austauschen können, die an Ihrem Leben Anteil nehmen, wie ein Freundeskreis, Familienmitglieder etc. Aber auch darüber hinaus können Sie Ihr Kommunikationsbedürfnis befriedigen, indem Sie mit so vielen fremden Menschen wie nur möglich sprechen. Sie müssen diesen Menschen nicht gleich Ihr ganzes Leben erzählen! Es reicht, wenn Sie Busfahrer, Kassiererinnen oder Verkäuferinnen begrüßen. Lassen Sie sich so oft wie möglich auf kleine, freundliche Wortwechsel mit Unbekannten ein (den Kassiererinnen können Sie zum Beispiel Kleingeld anbieten) und sehen Sie den Menschen ins Gesicht, wenn Sie sie ansprechen. Auch hier gilt: Je öfter Sie das tun, umso leichter wird es. Sie glauben gar nicht, wie das hilft! Schaffen Sie sich parallel dazu ein kleines soziales Netzwerk um Ihre Wohnung herum, lernen Sie Ihre Nachbarn kennen (Sie müssen ja nicht unbedingt dicke Freunde werden!) und machen Sie sich in den kleinen Geschäften der Nachbarschaft bemerkbar.

Telefonieren hat meines Erachtens übrigens nicht die gleiche Qualität, die kommunikative Interaktion ist durch den fehlenden Blickkontakt viel geringer. Wenn Sie sich im Zustand der dröhnenden Stille befinden, kann ein Telefonat diese allenfalls kurz unterbrechen, hinterher wird sie sich wieder um Sie schließen.

Vergessen Sie über der Kommunikation mit den anderen jedoch nicht die Kommunikation mit sich selbst. Ein Tagebuch ist eine wunderbare Möglichkeit, sich mit sich selbst zu unterhalten, ist allerdings nicht jedermanns Sache. Gelegentlich ist es auch gut, sich in einem Zustand der Stille zu befinden und seinen eigenen Gedanken zuzuhören – was mit permanenter Musik- oder Fernsehberieselung schlicht nicht möglich ist.

Ich finde es auch durchaus legitim, hin und wieder laut mit sich selbst zu sprechen. Vermutlich tun Sie das ohnehin ab und zu, im Auto zum Beispiel, wenn Sie sich über jemand anderen ärgern. Ich habe es mir angewöhnt, mich selbst laut zu loben oder zu kritisieren (wenn niemand in der Nähe ist), und betrachte dies als eine Aufmerksamkeit mir selbst gegenüber. Es macht tatsächlich einen kleinen Unterschied, ob Sie nur denken, dass Sie etwas gut gemacht haben, oder es laut formulieren. Laut formuliert klingt es wie eine besondere Anerkennung – und es ist völlig irrelevant, dass Sie von Ihnen selbst und nicht von jemand anderem ausgesprochen wird!

Erwarten Sie aber keine Wunder. Solche Prozesse brauchen ihre Zeit. Ganz und gar eliminieren lässt sich die Stille ohnehin nicht, aber sicherlich reduzieren. Hin und wieder wird Ihnen gar nichts anderes übrig bleiben, als sie auszuhalten. Aber dann können Sie immer noch zum Telefonhörer greifen und eine Verabredung treffen. Es macht nichts, wenn sie nicht für den gleichen Tag ist, sie wird Ihnen auf jeden Fall eine angenehme Perspektive bieten ...

Keiner liebt mich

Kein Satz übt eine verheerendere Wirkung auf Singles aus als „Keiner liebt mich!“ Eine böse, böse Falle, in die wir fast alle hin und wieder tappen – obwohl wir genau um ihre Destruktivität für unser Selbstbewusstsein wissen. „Keiner liebt mich!“ kann der Auftakt zu einer heftigen Wochenenddepression oder zu einer länger andauernden depressiven Phase sein. Dem lässt sich allerdings vorbeugen – unter der Voraussetzung, dass Sie bereit sind, sich die gehörige Portion Selbstmitleid, die unweigerlich an diesen Satz gekoppelt ist, zu versagen.

“Keiner liebt mich!“ ist deswegen so unglaublich destruktiv, weil darin häufig die Befürchtung mitschwingt, man wäre es nicht wert, geliebt zu werden. Womit wir schon beim Kern des „Problems“ wären: In Wirklichkeit geht es nämlich nicht um die anderen, sondern um Sie selbst. Wenn Sie sich schon nicht für liebenswert halten, wieso glauben Sie, die anderen würden es tun? Ich bin an dieser Stelle einfach mal unverblümt, weil ich mir wünsche, dass Sie aufwachen und aufhören, zu träumen. Natürlich ist es wunderbar, den eigenen Wert von außen bestätigt zu bekommen! Was Sie jetzt für sich selbst tun können, ist, sich einen soliden Grundstock an Selbstvertrauen anzueignen, der Ihnen dabei helfen kann, die ätzende Säure des „Keiner liebt mich“ wenigstens teilweise zu neutralisieren. Wie Sie das schaffen? Ich habe hier einen einfachen, aber ungemein wirkungsvollen Tipp für Sie, den ich einmal in einer Frauenzeitschrift fand:

Kaufen Sie sich ein kleines Heft und schreiben Sie 15 Eigenschaften auf, die Sie an sich gut finden und mögen. Und dann fügen Sie jeden Tag fünf weitere Eigenschaften hinzu. Einen ganzen Monat lang. Bevor Sie einen neuen Eintrag machen, sollten Sie die alten noch einmal durchlesen; zum einen vermeiden Sie so Doppelnennungen, zum anderen bläuen Sie sich sozusagen mit dem Holzhammer Ihre guten Eigenschaften ein. Mogeln Sie nicht, Sie bescheißen sich letzten Endes nur selbst. Wenn Sie allerdings für Sie schwierige Situationen gut gemeistert haben, dürfen Sie das ruhig aufschreiben. Und alles, was Ihnen einfällt – auch, dass Sie vielleicht gut Fenster putzen können oder in der Lage sind, Ihre Steuererklärung selbst zu machen. Alles zählt, was in Ihren Augen gute Qualität hat – wie andere Menschen das finden, ist völlig belanglos.

Jetzt schreien Sie nicht entsetzt „Das könnte ich nicht!“ Sie können es bestimmt – aber wollen müssen Sie schon. Am besten ist, Sie gehen jetzt gleich los und kaufen das Heft. Ich habe das selbst ausprobiert und war recht skeptisch, ob es mir gelingen würde. Es klang jedenfalls nach einer ziemlich guten Idee. Die ungeheure Wirkungskraft hat mich dann schlichtweg verblüfft. Das einfache Prozedere hat es wirklich in sich: Sie lernen dabei, sich selbst gut zu finden, und das auf eine Weise, bei der nicht einmal zehn Doppelstunden Therapie mithalten könnten, denn Sie kommen dabei nicht umhin, sich auf eine höchst intensive Weise mit sich selbst auseinander zu setzen.

Sich selbst gut zu finden bedeutet allerdings leider nicht, dass einem jener verhängnisvolle Satz nie mehr in den Sinn kommt. Es ist sogar recht wahrscheinlich, dass Sie immer wieder ins Zweifeln geraten: Da sind Sie nun, eine wunderbare Person (wer auch immer Sie „kriegt", könnte sich glücklich schätzen), aber offenbar scheint niemand Sie zu wollen. Das Problem ist, dass Sie die Enden verschiedener Seile miteinander verknüpfen. Das Ergebnis sind ein dicker Knoten und viele lose Enden – über die Sie sich eigentlich nicht wundern sollten.

Jetzt ist es vielleicht Zeit, mal einen nüchternen Blick auf Ihre Vorstellungen zu werfen: So viele Menschen träumen davon, „gefunden" zu werden, aber solch eine Wunschvorstellung geht leider ziemlich an der Realität vorbei. Es mag vorkommen, dass einem Beziehungen in den Schoss fallen, dass der Wunschpartner unerhörte Schritte unternimmt, um auf sich aufmerksam zu machen. Die Regel ist das aber nicht. Schließlich haben die anderen auch ihre Ängste, genau wie Sie. Die wenigsten Menschen haben den Mut, einfach auf andere zuzugehen und zu riskieren, dass sie sich einen Korb einhandeln. Machen Sie sich mit dem Gedanken vertraut, dass Sie selbst vielleicht aktiv werden müssen. Es gibt da ein ziemlich anschauliches Beispiel aus der Kinowelt, nämlich den Film „Eine pornographische Affäre", in der die beiden Hauptdarsteller sich über eine Anzeige kennen lernen und eine sexuelle Beziehung miteinander beginnen (die auf einer nicht weiter genannten sexuellen Vorliebe beruht). Im Laufe dieser Affäre verlieben sich beide ineinander – aber keiner von beiden traut sich, dem anderen seine Liebe zu gestehen. Stattdessen beenden sie die Affäre – aus lauter Angst davor, dass der andere die Gefühle nicht erwidern könnte!

Nehmen wir mal weiter an, Sie haben einen Menschen wissen lassen, dass Sie für ihn tiefere Gefühle empfinden oder die Beziehung gern intensivieren würden, aber der andere erwidert Ihre Gefühle tatsächlich nicht und Sie erhalten den allseits so gefürchteten Korb. Oder dies passiert Ihnen gleich mehrmals hintereinander. Das kann schon auf das Selbstbewusstsein schlagen – dennoch ist es immer noch kein Grund, sich im „Keiner-liebt-mich"-Schlamm zu suhlen. Dass Ihre Gefühle unerwidert geblieben sind, hat vermutlich Gründe, die gar nichts mit Ihrer Person zu tun haben.

In einem psychologischen Buch las ich unlängst die wunderschöne Definition, Verliebtsein bedeute vom psychologischen Standpunkt aus, dass man mit dieser Person die Möglichkeit zur persönlichen Weiterentwicklung verbinde. Hübsch, nicht wahr? Und so wohltuend fürs eigene Ego! Genau das sollten Sie sich immer dann vor Augen halten, wenn Sie mit weitergehenden Wünschen nicht auf Gegenliebe stoßen. Es hat also gar nichts damit zu tun, dass Sie als Mensch nicht wertvoll wären, sondern nur, dass Ihr Gegenüber vielleicht andere Eigenschaften zur Weiterentwicklung braucht als die, die Sie besitzen – und denen vom Objekt Ihrer Begierde keine Wichtigkeit beigemessen wird. Vielleicht kennen Sie das auch, dass Sie in solchen Fällen nur zu leicht dahin tendieren, sich gleich als ganze Person abgelehnt zu fühlen? Machen Sie sich in diesem Fall klar, dass der andere Sie vermutlich gar nicht kennt oder sieht. Und falls keine Bereitschaft besteht, Sie kennen lernen zu wollen, sollte die Sache für Sie einfach gegessen sein. Damit fahren Sie auf jeden Fall besser, denn was wollen Sie mit einer Person, die Sie nicht als wertvoll erachtet? Dazu sollten Sie sich einfach zu schade sein.

Sie verlieben sich immer in den Falschen oder die Falsche? In so einem Fall wäre möglicherweise eine nüchterne Bestandsaufnahme angebracht. Nichts wird mich jemals von der Überzeugung abbringen, dass Menschen, die sich immer nur unglücklich verlieben, im Grunde genommen kein Interesse an einer Beziehung haben. Ich behaupte provokativ, dass diese Menschen sich überhaupt nur aufgrund der Unerreichbarkeit in eine bestimmte Person verlieben. Es ist schließlich wesentlich einfacher (und ungefährlicher), jemanden nur anzuhimmeln (von nahe oder aus der Ferne), als sich auf Intimität und Nähe einzulassen. Dieses Phänomen betrifft zum Beispiel Frauen, die sich zu Frauen hingezogen fühlen, sich aber nicht trauen, den Schritt (der ihnen vielleicht wie eine Grenze vorkommen mag) zu machen. Aber ich würde Frauen, die sich immer nur in verheiratete Männer verlieben, genauso dazu zählen. Wenn auch Sie sich immer nur in das falsche Gegenüber verlieben, ist es vielleicht an der Zeit herauszufinden, was Sie davon haben, dass die geliebte Person entweder gar nicht oder nur gelegentlich für Sie erreichbar ist. Das wird die Situation an sich nicht automatisch ändern, Ihnen aber möglicherweise bewusst machen, dass Sie dem Leben oder Schicksal (oder wie auch immer Sie es nennen wollen) keineswegs so ausgeliefert sind, wie Sie gern glauben wollen. Vielleicht werden Sie erkennen, dass Sie weit weniger das Opfer der Umstände sind, für das Sie sich immer gehalten haben, sondern vielmehr an der Gestaltung Ihres Lebens aktiv beteiligt sind.

Wie auch immer: „Keiner liebt mich" sollten Sie aus Ihrem Wortschatz streichen. Wann immer Ihnen dieser Satz in den Sinn kommt, sollten Sie sofort an etwas anderes denken oder aufstehen und sich konstruktiv beschäftigen. Hauptsache, Sie vergessen diesen Satz. Denken Sie lieber an etwas Schönes.

Pärchenblues

Kennen Sie dieses Szenario: Sie sind auf einer Party unter Freunden. Ein netter Abend, auf den Sie sich schon lange gefreut haben. Insgeheim haben Sie vielleicht sogar gehofft, eine unbekannte nette Person zu treffen. Und tatsächlich, da ist sie, eine Person, die Sie noch nie gesehen haben, die nett aussieht und sich sogar nett mit Ihnen unterhält. Sie freuen sich. Doch binnen zehn Minuten stellt sich heraus, dass die Beziehung dieser Person ebenfalls anwesend ist. BOOIIING! Alarmiert sehen Sie um sich. Was Sie sehen, sind Pärchen, Pärchen, Pärchen! Nur Sie und einige andere ewige Singles, die für Sie – aus welchen Gründen auch immer – beziehungstechnisch nicht in Frage kommen, sind allein zu der Party erschienen. Schon senkt sich eine dunkle Wolke auf Sie herab. Der Pärchenblues hat Sie erwischt. Der Abend ist damit verdorben und ihm werden noch eine ganze Reihe weiterer Tage und Wochen folgen, in denen Sie fast manisch von dem Gedanken beherrscht werden, dass alle jemanden haben, nur Sie nicht, und dass keiner Sie liebt …

Im Zustand des Pärchenblues läuft die subjektive Wahrnehmung zur Hochform auf. Offensichtlich konzentriert sich unser Fokus dann hauptsächlich auf die glücklichen Pärchen, die frisch verliebten, die nicht voneinander lassen können, sich dauernd tief in die Augen schauen, Händchen halten und dauernd aneinander herumfummeln oder -knabbern. Das hat schon fast ein wenig von Masochismus an sich. Wäre es nicht besser, wir versuchten in solchen Zeiten unsere Wahrnehmung auf die Pärchen zu lenken, die uns ganz und gar nicht beneidenswert erscheinen, solche, bei denen sich Sprachlosigkeit und Desinteresse breit gemacht haben? Pärchen, mit denen wir um nichts in der Welt tauschen möchten? Kürzlich las ich von einer Umfrage zu dem Thema „Würden Sie Ihren Partner noch einmal heiraten?" Von 1.566 befragten Personen haben geschlagene 37 Prozent mit „Niemals" geantwortet!

Für mich ist der Pärchenblues wie eine Art Fluch in meinem ansonsten ziemlich schönen Leben, ja, ich betrachte ihn fast als etwas wie eine Krankheit, da er genauso in Schüben auftritt, vehement an meinen Grundfesten und an meinem Ego rüttelt, um dann von einer Sekunde zur anderen zu verschwinden – bis zum nächsten Mal. Dass das nächste Mal kommen wird, ist gewiss, und jedes Mal hoffe ich, dass es nicht so schnell sein wird. Immerhin habe ich gelernt, zu akzeptieren, dass der Pärchenblues eben zu meinem Singleleben dazugehört und dass ich ihn einfach ertragen muss (bzw. mich in diesem Zustand).

Es empfiehlt sich natürlich, in dieser Situation Pärchen möglichst zu meiden. Wenn das schon bei denen nicht geht, die Sie kennen, dann meiden Sie wenigstens fremde

Pärchen. Eine Freundin gab mir zum Beispiel den Tipp, dass Singles in frühen oder späten Kinovorstellungen besser aufgehoben sind als in der klassischen Abendvorstellung um 20:00 h, in der es vor Pärchen häufig wimmelt.

Auch der Anschluss an Singlegruppen hat natürlich etwas für sich ... sofern Sie sich in der Gruppe wohl fühlen. Viele Singlegruppen werden von den Mitgliedern eher als Sprungbrett für eine neue Beziehung genutzt, es versteht sich von selbst, dass das Gefüge solcher Gruppen nicht sonderlich stabil ist und auch wenig Rückhalt bietet.

Angeblich sollen Liebesfilme ja das Immunsystem stimulieren. Aber wenn Sie der Pärchenblues fest im Griff hat, sollten Sie Liebesfilme meiden wie der Teufel das Weihwasser. Stimulieren Sie sich lieber auf andere Weise, zum Beispiel indem Sie so viele Feel-good-Movies wie möglich ansehen, vorzugsweise solche, in denen Frauen sich unabhängig machen und allein etwas auf die Beine stellen oder sich erfolgreich gegen mächtige Unternehmen zur Wehr setzen etc. Wunderbare Beispiele sind etwa „Ich schenke dir meinen Mann“ mit Hannelore Elsner oder „Die Teufelin“. Solche Filme verstärken Ihre Motivation, etwas aus dem eigenen Leben zu machen.

Bin ich schön?

Zu den schönen Seiten einer Partnerschaft gehört sicherlich das Gefühl der Attraktivität, das der oder die andere Ihnen vermittelt, und dessen Fehlen zu den weniger schönen Seiten des Singledaseins. Aber das muss nicht zwangsläufig so sein. Äußere Attraktivität ist schließlich kein „Wert“, der nur durch persönliche Spiegelung entsteht, sondern der eher durch gesellschaftliche Konventionen festgelegt wird. In selbstmitleidigen Phasen neigen Singles aber durchaus dazu, sich ungeliebt und daher hässlich zu fühlen. Aber warum darauf bestehen, erst durch Geliebte schön zu werden? Die Krux liegt vermutlich darin, dass die meisten Frauen einen ziemlich verzerrten Blick auf sich selbst und wenig Gespür für die eigene Attraktivität besitzen.

Sicherlich haben viele Menschen die zur Zeit herrschende Maxime verinnerlicht, dass gutes Aussehen alles ist (zugegebenermaßen ist es ja auch ziemlich schwer, sich dieser Botschaft zu entziehen, die uns von allen Seiten eingehämmert wird) –, und unternehmen allerhand, um ihr Leben danach auszurichten. Auf der anderen Seite wünschen sie sich im Grunde ihres Herzens, um ihrer selbst willen, ihrer inneren Werte wegen geliebt zu werden. Wenn das nicht paradox ist!

Heterosexuelle Frauen haben sich in puncto Aussehen viel zu sehr darauf fixiert, was Männern gefallen könnte, und ihr Leben danach ausgerichtet. Lesben haben sich dem Schönheitsdiktat lange Zeit entzogen, aber als Erfolg betrachte ich das dennoch nicht. Meines Erachtens ist der Schuss hier nach hinten losgegangen, und zwar dadurch, dass sie es ablehnten, sich überhaupt für irgendwen schön zu machen. Beide Gruppen haben zwei völlig gegensätzliche Wege gewählt, aber das Ergebnis ist im Prinzip das gleiche: Keine der beiden schien in Erwägung ziehen zu wollen, sich für sich selbst schön zu machen. Glücklicherweise verändert sich diese Einstellung allmählich. Selbst wenn es nur darauf zurückzuführen ist, dass wir uns dem Diktat des „Gut aussehen um jeden Preis“ weniger und weniger entziehen können – wer kann das schon so genau von sich sagen? Sicher ist jedenfalls, dass ein gepflegtes Äußeres bei anderen immer gut ankommt, nicht nur, weil man gern auf etwas Schönes und/oder Angenehmes schaut. Eine chinesische Weisheit sagt „Die äußere Erscheinung ist nur ein Spiegelbild der inneren Haltung“.

Auf jeden Fall können Sie selbst einiges dazu tun, um Ihr Gefühl für Ihre eigene Attraktivität zu erhöhen. Werfen Sie alle Fotos weg, auf denen Sie sich nicht attraktiv finden! Sehen Sie sich mindestens einmal am Tag im Spiegel an und bewundern Sie sich laut! Die meisten Menschen haben in puncto Schönheit eine völlig verzerrte Vorstellung von sich – und damit von der Wichtigkeit vermeintlicher Makel. Vergeuden Sie Ihre Energie nicht länger damit, sich an den Dingen aufzuhängen, die Sie an sich nicht mögen. Konzentrieren Sie sich auf das, was Ihnen an Ihnen gefällt. Nun mag es ja sein, dass Sie Ihre Oberschenkel oder Ihr Hinterteil zu dick finden und eine Menge Menschen diese Meinung teilen. Aber das ist nicht wirklich wichtig! Menschen, die Ihnen näher kommen wollen, werden dies auch tun, wenn Ihr Hinterteil oder Ihre Oberschenkel zu dick sind. Die Energie, die Sie aufwenden, um sich über diesen „Makel" zu grämen, steht in gar keinem Verhältnis zu dem, was wirklich passiert, wenn eine Person sich für Sie interessiert. Sie wird diese Eigenheit höchstwahrscheinlich einmal zur Kenntnis nehmen und dann nicht weiter darüber nachdenken. Die Wahrscheinlichkeit, dass diese Person bei einer wie auch immer gearteten Interaktion mit Ihnen die ganze Zeit denkt „Oh Gott, hat die dicke Schenkel/ein dickes Hinterteil" ist absolut minimal (und wenn, dann wäre es für Sie wesentlich vorteilhafter, von dieser Person Abstand zu nehmen!). Und außerdem besteht sogar immer die Möglichkeit, dass etwas, das Sie an sich abstoßend finden, einem anderen Menschen gefällt! Ein weiterer Grund dafür, sich keine Gedanken mehr darüber zu machen.

Wichtig finde ich es auch, sich gelegentlich schön zu machen, sich aufzubrezeln, wie auch immer Sie es nennen mögen. Für sich, für das eigene Bewusstsein, gut auszusehen. Dann werden Sie nämlich nicht erst durch den Blick der anderen schön, sondern die anderen spiegeln das Bewusstsein Ihrer eigenen Attraktivität durch ihre Blicke. Gut, jetzt ziehen Sie in diesem Moment vielleicht nicht die bewundernden Blicke einer geliebten Person auf sich, sondern die von Unbekannten. „Schlechter“ sind Sie deswegen noch lange nicht!

Mich hat die Frage meiner eigenen Attraktivität zugegebenermaßen ziemlich lange beschäftigt – bis ich von wissenschaftlichen Studien erfuhr, die festgestellt hatten, dass die meisten Menschen vor allem Menschen mit regelmäßigen Gesichtszügen als attraktiv empfinden. (Genau genommen würden Menschen wie Julia Roberts oder Heike Makatsch mit ihren Riesenmündern schon aus dieser Definition herausfallen ...) Seitdem beschäftige ich mich nicht mehr mit diesem Thema ...

Ich glaube, bei der Frage nach der eigenen Attraktivität geht es letztlich eigentlich um „Wer und wie bin ich?“ Und wie immer soll die Antwort auf diese elementare Frage von einer anderen, geliebten Person kommen. Wäre es nicht viel sinnvoller, Sie könnten diese Frage selbst beantworten?

Kürzlich las ich in einer Zeitschrift, dass unglaublich viele Frauen in Deutschland morgens vor dem Schrank stehen und einfach nicht wissen, was sie anziehen sollen. Mir erscheint das ziemlich symptomatisch für das fehlende Gefühl für sich selbst. Dabei könnten Sie eigentlich alles sein, was Sie wollen: klassisch, verspielt, romantisch, androgyn, sportlich, streng ... Wenn Sie meinen, Sie haben keinen persönlichen Stil, dann finden Sie Ihren heraus! Nichts spricht dagegen, hier professionelle Hilfe in Anspruch zu nehmen und sich zum Beispiel zu einer Typberatung anzumelden. Im Internet finden Sie zahlreiche Adressen. Oder gönnen Sie sich mal ein paar Stunden Zeit und probieren in einem Kaufhaus einfach Sachen an, mit denen Sie bislang vielleicht geliebäugelt haben, die Sie sich aber nicht anzuziehen trauten? In den meisten Geschäften gibt es heutzutage Spiegel in den Kabinen, so dass Sie keine Angst haben müssen, sich lächerlich zu machen. Haben Sie ein wenig Mut zur Farbe und zur Form! (Vielleicht ist es hilfreich, wenn Sie vorher die Kleidungsstücke in Ihrem Schrank nach Farben sortieren und sich dann beim Auswählen im Geschäft die bei Ihnen vorherrschenden Farben versagen – sofern Sie nicht bereits definitiv wissen, dass es gerade diese Farben sind, die Ihnen am besten stehen). Oder nehmen Sie eine Freundin mit, deren persönlicher Stil Ihnen gefällt. Höchstwahrscheinlich kann sie Sie beim Finden Ihres Stils beraten ... Ohnehin sollten Sie dafür sorgen, dass Ihre Garderobe nur noch Stücke enthält, in denen Sie sich hundertprozentig wohl fühlen (was ja durchaus die ganze Palette von ziemlich gammelig bis todschick enthalten kann).

Eigentlich ist es ganz einfach. Ihre Ausstrahlung wird umso größer sein, je mehr Sie Sie selbst sind, Ihr Leben so leben, wie Sie es möchten, und diese Zufriedenheit auch nach außen hin sichtbar ist. Dazu gehört zum Beispiel, seinen Körper auch mit seinen Unvollkommenheiten so zu lieben, wie er eben ist. Vielen Frauen fällt es offenbar schwer, sich selbst für begehrenswert zu halten (Ich finde, das wird wunderbar widergespiegelt in dem Werbespot, in dem eine junge Frau mit absolut perfekter Figur sich als höchstes Lob für sich selbst nur ein „Gar nicht mal so schlecht, Lady!“ abringen kann!) Nur, diesen Glauben an sich selbst können Sie sich nicht künstlich suggerieren – der muss echt sein, genauso wie die Lebensfreude, die Sie ausstrahlen. Dazu gehören zum Beispiel auch Freundlichkeit, Neugier, Interesse und die Furchtlosigkeit, den eigenen Weg zu gehen – auch wenn er von den Trampelpfaden der meisten anderen Menschen abweicht.

Das Gute daran ist, dass diese Ausstrahlung sich ganz von allein einstellen wird, wenn Sie sich dazu entscheiden, die Verantwortung für Ihr Leben selbst in die Hand zu nehmen, statt Sie anderen zu überlassen, und dafür sorgen, dass Sie es gut haben.

Sunday, bloody sunday

Manche Tage sind wirklich schrecklich – vor allem die Sonntage.

Fall eins: Vielleicht strahlt die Sonne vom Himmel, als würde sie dafür bezahlt, aber in Ihrem Inneren herrscht rabenschwarze Nacht. Der perfekte Tag für ein Picknick oder einen Ausflug mit Ihrem oder Ihrer Liebsten, Sie sehen sich als Paar förmlich vor sich, können die Liebe und Zärtlichkeit zwischen Ihnen beiden fast spüren – aber dann zerplatzt die Seifenblase und Sie sind allein. Doch das Wetter ist einfach so schön, dass Sie sich in der Wohnung eingesperrt fühlen. Sie wollen raus. Schnell versuchen Sie noch, jemanden zum Spazierengehen zu mobilisieren, aber es ist wie verhext. Niemand, rein gar niemand ist zu Hause bei diesem schönen Wetter und wo Sie auch anrufen, immer treffen Sie nur auf den Anrufbeantworter.

Fall zwei: Oder es ist ein trüber, verregneter Tag, wie geschaffen dafür, ihn schmusend im Bett zu verbringen. Und Sie haben gar keine Lust, mit irgendjemandem zu sprechen, sind nach ein paar Stunden sogar so weit, dass Sie hoffen, niemand möge anrufen, weil Sie den Anruf nur noch mit tränenerstickter Stimme entgegennehmen könnten.

Für solche Tage brauchen Sie ein Notfallprogramm, das natürlich einiger Vorbereitung bedarf. Verabreden Sie sich hin und wieder für Sonntage, nicht nur mit anderen, Sie können sich auch einfach etwas Bestimmtes vornehmen. Schließlich ist der Sonntag für die Erholung da und Sie sollten die Woche nicht völlig erschöpft von der überwältigenden Einsamkeit des Wochenendes beginnen. Vermeiden lassen sich trübe Tage ohnehin nicht, aber wenn es Ihnen gelingt, es sich als Single schön zu machen, werden Sie feststellen, dass solche Tage im Laufe der Zeit immer seltener auftauchen und möglicherweise werden Sie sogar eines Tages verblüfft bemerken, dass sich das „Bloody-Sunday-Syndrom" still und heimlich aus Ihrem Leben verdrückt hat.

Im Fall eins könnten Sie sich zum Beispiel einen Ruck geben und das schöne Wetter eben allein genießen. Wenn Sie sich allein blöd fühlen, können Sie sich anfangs vielleicht mit einem Walkman behelfen oder sich mit einer imaginären Person unterhalten. Beobachten Sie die Menschen um sich herum. Zum einen werden Sie dabei vermutlich feststellen, dass nicht nur Pärchen unterwegs sind, zum anderen werden Sie (hoffentlich) ein wenig Ihre Einsamkeit vergessen. Denn das Wetter ist immer noch schön, auch wenn Sie niemanden haben, der es mit Ihnen gemeinsam genießt. Seien Sie offen für kleine Gesten der nonverbalen Kommunikation, sehen Sie den anderen Spaziergängern ins Gesicht. Lassen Sie sich von den anderen wahrnehmen. Vielleicht wird Ihnen sogar jemand zulächeln. Natürlich können Sie sich auch mit einem Buch auf eine Bank setzen – aber damit berauben Sie sich der Möglichkeit eines Gesprächs mit Fremden.

Wenn Ihnen dieser erste Schritt sehr schwer fällt, belohnen Sie sich dafür, dass Sie sich getraut haben, vielleicht mit einem Stück Torte in Ihrer Lieblingskonditorei – woraus Sie natürlich auch ein Sonntagnachmittagsritual stricken können. Wenn Sie allerdings abnehmen wollen, sollten Sie auf eine andere Form der Belohnung zurückgreifen.

Fall zwei erfordert eine weitergehende Vorbereitung. Legen Sie sich eine Liste mit Dingen an, die Sie immer schon einmal tun wollten. Falls Sie kulturell interessiert sind, können Sie sich merken, welche Ausstellungen oder Kinofilme Sie interessieren. Ein verregneter Sonntagnachmittag ist die perfekte Gelegenheit für einen Ausstellungs- oder Kinobesuch. Vielleicht liebäugeln Sie schon lange mit irgendeiner kreativen Tätigkeit wie Stricken, Malen oder Töpfern. Sorgen Sie dafür, dass Sie die dafür notwendigen Utensilien im Haus haben, denn vielleicht ist heute genau der Tag, um damit zu beginnen. Und wenn der Eifer Sie erst einmal gepackt hat, werden Sie Ihre Misere vergessen. Wenn Sie gern lesen, kann es helfen, ein Buch in petto zu haben, das Sie sehr interessiert und in das Sie sich jetzt vertiefen können. Oder suchen Sie sich aus dem Fernseh- oder Radioprogramm Sendungen heraus, die Sie wirklich interessieren und die Sie nicht nur einfach so konsumieren, weil Sie nichts Besseres mit sich anzufangen wissen.

Grundsätzlich eignet sich jede Beschäftigung, von der Sie wissen, dass sie Sie glücklich macht. Sie müssen sich lediglich so hineinvertiefen können, dass Sie Ihr Unglück darüber vergessen. Wenn bei mir der Haussegen schief hängt, fange ich zum Beispiel an zu kochen oder zu backen und in der Regel fühle ich mich hinterher immer besser.

Wenn Sie das Elend bereits am Sonntagmorgen packt, kann es sich als hilfreich erweisen, den Sonntag zu strukturieren, einen kleinen Plan zu machen, wie Sie den Tag gestalten wollen. Selbst wenn der Plan letztendlich aussieht wie „Fernsehen gucken, essen, Fernsehen gucken", haben Sie Ihren Tag doch irgendwie bewusst gestaltet und sind den Umständen weniger ausgeliefert. Führen Sie sich vor Augen, dass dieser Tag auch einmal zu Ende gehen und die Welt morgen schon wieder anders aussehen wird.

Denken Sie daran, dass sich Stress immer im Körper niederschlägt und zu Verspannungen führt. Bewegung ist hier ein äußerst wirkungsvolles Gegenmittel. Gehen Sie spazieren, machen Sie ein wenig Gymnastik oder legen Sie Ihre Lieblingstanzmusik auf und tanzen Sie ein bisschen in den eigenen vier Wänden. Das kann Wunder wirken! So oder so ist Musik bestens dafür geeignet, Sie aus Ihrer trübseligen Stimmung herauszureißen, ebenso wie Ordnung schaffen.

Oder spielen Sie mit sich selbst (siehe Kapitel „Bon voyage", Seite 143 ff.). Wenn Sie Puzzle mögen, kann dies genau der richtige Moment sein, um eines anzufangen. Mich versöhnen Puzzles jedenfalls immer, wenn meine Welt in Schieflage hängt: So viele verschiedene Teilchen, manche davon hat man dauernd in der Hand, weil irgendwie bunt und auffällig, andere muss man wegen ihrer Unscheinbarkeit ewig suchen. Aber letzten Endes hat jedes Teil seinen Platz und es muss nur eines fehlen – meist ein eher unscheinbares – und schon ist das Ganze nicht mehr vollständig!

Wenn Spiele nicht Ihr Ding sind, ist jetzt vielleicht der richtige Moment für eine Liste: zum Beispiel eine Aufstellung aller Dinge, die Sie gern erleben oder lernen möchten, und wenn Sie damit fertig sind, suchen Sie sich einen Punkt aus, mit dem Sie anfangen wollen. Wenn Sie schon dabei sind, können Sie sich eigentlich gleich ein paar Gedanken dazu machen bzw. herausfinden, wie und wo Sie mit der Umsetzung beginnen können.

Wenn alle Stricke reißen, könnte ein langes, heißes Bad die rettende Maßnahme sein. Machen Sie es sich schön, verwöhnen Sie Ihre Sinne nach Herzenslust: Zünden Sie Kerzen an, hören Sie Ihre Lieblingsmusik oder nehmen Sie Ihr Lieblingsbuch mit in die Wanne, nehmen Sie sich anschließend viel Zeit für die Körperpflege – Einreibungen mit Pflegeöl kommen in solch einer Situation zum Beispiel besonders gut – und schlüpfen Sie in Ihre Wohlfühlklamotten. Gönnen Sie sich etwas besonders Gutes zum Essen. Schließlich haben Sie diesen scheußlichen Tag überstanden. Ganz allein. Und dafür dürfen Sie sich ruhig auf die Schulter klopfen!

Der alte Affe Angst

Fast jeder fünfte Deutsche soll unter teilweise extremen Ängsten leiden, habe ich kürzlich gelesen. Eine Angsterkrankung ist natürlich auch für eine Partnerschaft eine große Belastung, verständnisvolle Partner können hier jedoch unschätzbare Hilfe leisten, nicht nur zum „Festhalten", sondern auch im praktischen Alltag. Als Single können Sie nicht mal eben Ihren Partner anrufen, um abgeholt zu werden, wenn Sie das Grauen unterwegs packt, darum können Panikattacken Sie besonders hart treffen.

Panikattacken haben die unangenehme Eigenschaft, aus dem Nichts heraus zu entstehen und das Leben der Betroffenen binnen kurzem zu verwüsten. Die Liste der angstauslösenden Momente ist unendlich lang und kann bisweilen sonderbare Blüten treiben. Ich kenne zum Beispiel mehrere Personen, die wegen einer Reizblase von der Angst beherrscht wurden, in der Öffentlichkeit keine Toilette erreichen zu können, was letztendlich zu einer längerfristigen Arbeitsunfähigkeit führte. Ihr Aktionsradius schränkte sich immer mehr ein, bis sie sich schließlich nur noch in den eigenen vier Wänden aufhielten.

Sicherlich nicht die klassische Panikattacke, aber dennoch zweifellos ein Angstzustand.

Wie sähe dagegen eine klassische Panikattacke aus? Nehmen wir an, Sie sind allein zu Hause und fühlen sich aus irgendeinem Grund nicht gut. Plötzlich schießt Ihnen durch den Kopf, dass Sie hier allein völlig unbemerkt sterben könnten. Bei dem Gedanken bricht Ihnen der Schweiß aus und Ihr Herz beginnt erst zu stolpern und dann wild zu klopfen. Haben Sie jetzt einen Herzinfarkt? Wer wird Sie dann retten? Inzwischen sind Sie den körperlichen Symptomen Ihrer Panikattacke rettungslos ausgeliefert. Vielleicht bekommen Sie auch keine Luft mehr und fangen an zu hyperventilieren. In der Zwischenzeit sind Sie felsenfest davon überzeugt, dass Sie sterben. Jetzt. Möglicherweise rufen Sie den Notarzt an und kommen am folgenden Tag mit der beschämenden Diagnose nach Hause, dass Sie kerngesund sind. Vielleicht mag das lächerlich klingen, für die Betroffenen ist es jedenfalls bitterer Ernst.

Eine ebenfalls sehr gängige Variante von Panikattacken sucht die Opfer in der Öffentlichkeit heim, vorzugsweise in geschlossenen Räumen, die nicht von jetzt auf gleich verlassen werden können, wie zum Beispiel im Kino, oder noch schlimmer, in der U-Bahn oder im Bus. Hier steht weniger die Angst vor einem Herzinfarkt im Vordergrund, sondern die Furcht, vor aller Augen ohnmächtig zu werden.

Panikattacken sind kein Grund, sich zu schämen. Auch wenn es so aussehen mag, als entstünden Ihre Angstzustände aus dem Nichts heraus, treten sie doch nicht grundlos auf. Betrachten Sie Ihre Panikattacken darum nicht als Feind. Es mag Ihnen so vorkommen, als arbeiteten diese Zustände gegen Sie, aber in Wirklichkeit verhält es sich genau andersherum. Wie jede Art von Krise weisen Panikattacken Sie darauf hin, dass in Ihrem Leben etwas ganz Grundsätzliches nicht in Ordnung ist.

Vom Alkohol zur Krisenbewältigung sollten Sie auf jeden Fall die Finger lassen. Das Gleiche gilt natürlich für Psychopharmaka. Es kann sein, dass Sie sich kurzfristig besser fühlen werden, aber langfristig lassen sich Angstzustände nicht auf diese Weise bekämpfen. Früher oder später werden sie dann doch wieder auftauchen.

Angstzustände erfordern in jedem Fall ein offensives Vorgehen. Lassen Sie nicht zu, dass Ihr Leben von Panikattacken beherrscht wird! Unternehmen Sie etwas! Zögern Sie nicht, Hilfe zu suchen, und versuchen Sie nicht, Ihre Angstzustände zu vertuschen – sonst laufen Sie Gefahr zu vereinsamen und machen alles nur noch schlimmer.

Der klassische Weg zur Behandlung von Panikattacken ist eine Therapie. Hier gibt es verschiedene Ansätze, zum Beispiel die Verhaltenstherapie, in der versucht wird, die Angst zu überwinden, indem man sich dem Angstauslöser in Begleitung direkt stellt.

Persönlich halte ich die klassische Psychotherapie für wesentlich geeigneter, um hervorzuholen, was bei Ihnen im Argen liegt. In der Regel geht das aber nicht von heute auf morgen. Heutzutage einen Therapieplatz zu bekommen ist schwierig und langwierig. In der Zwischenzeit müssen Sie sich anders behelfen.

Gehen Sie zum Arzt und lassen Sie sich einmal gründlich durchchecken. Es kann im Falle einer Panikattacke hilfreich sein zu wissen, dass man organisch völlig gesund ist (und darum höchstwahrscheinlich nicht jetzt stirbt) und gerade „nur" eine Panikattacke erleidet.

Pflanzliche Beruhigungsmittel können für eine grundsätzliche Beruhigung sorgen. In akuten Fällen können „Notfalltropfen" (Bachblüten) helfen, die Sie auf jeden Fall in homöopathisch ausgerichteten Apotheken erhalten (gibt es auch als Bonbons). Falls Sie unter zu niedrigem Blutdruck leiden, sind kreislaufanregende Mittel vielleicht die bessere Wahl. In der Regel bekommt man sie in kleinen Behältern, die Sie problemlos in der Hosentasche unterbringen können. Auf jeden Fall schaffen Sie sich damit selbst ein Gefühl der Sicherheit. Oder Sie nehmen Ihr Handy mit, das vermittelt ebenfalls Sicherheit.

Ebenfalls gut für unterwegs geeignet: Ein paar Minuten lang den Zeigefinger der einen Hand mit allen Fingern der anderen Hand halten.

In Situationen, die man nicht von jetzt auf gleich verlassen kann (im Bus, im Auto etc.), können Atemübungen helfen, das in alle Richtungen davonflatternde Selbst wieder zu zentrieren. Das Internet bietet hier eine schier unübersehbare Anzahl an Techniken, aus der Sie sich die passende heraussuchen können. Ich finde folgende

Übung sehr hilfreich (weil extrem einfach): Atmen Sie durch die Nase tief in den Bauch hinein und denken Sie dabei das Wort „Reinlassen“, atmen Sie durch den Mund wieder aus und denken Sie dabei das Wort „Loslassen“. Warten Sie einen Moment mit dem nächsten Atemzug und denken Sie dabei das Wort „Seinlassen“.

Versuchen Sie, Ihren sozialen Rückzug auf ein Minimum zu beschränken. Sprechen Sie mit Menschen, denen Sie vertrauen, über Ihre Angstzustände (vermutlich werden Sie ziemlich überrascht feststellen, dass viele Menschen bereits mit großen und kleinen Panikattacken zu tun hatten). Suchen Sie sich unter diesen Leuten jemanden mit Verständnis und stellen Sie sicher, dass Sie dort jederzeit anrufen können. Allerdings sollten Sie diese Hilfestellung wirklich nur im allergrößten Notfall in Anspruch nehmen. Kürzlich las ich, dass Telefonanrufe nach 22:00 Uhr den gleichen Stresswert haben wie ein Fallschirmsprung. Die andere Person mag noch so willig sein, Ihnen Hilfe zu leisten, sie wird auf jeden Fall körperlich in Mitleidenschaft gezogen und Ihre Freundschaft mit dieser Person könnte auf Dauer darunter leiden. Zugegebenermaßen ist dies ein emotionaler Spagat, den Sie vollführen müssen. Aber häufig reicht auch schon das Wissen, dass Sie anrufen *könnten*. Haben Sie keine Person Ihres Vertrauens, schreiben Sie sich die Nummer der Telefonseelsorge auf und hängen Sie den Zettel gut sichtbar auf. In diesem Falle brauchen Sie natürlich mit dem Anrufen nicht zu zögern. Wie man Ihnen dort begegnen wird, kann ich nicht sagen (bislang habe ich nur einmal mit dem Gedanken gespielt), aber ich halte es immer noch für die bessere Lösung, als ganz allein völlig außer sich zu geraten. Was Sie jetzt brauchen, ist Zuspruch und Ablenkung und dafür ist die Telefonseelsorge ja eigentlich da.

Wenn es für Sie schwierig ist, außer Haus zu gehen, könnten vielleicht andere gelegentlich zu Ihnen kommen? Aber lassen Sie Ihren Zustand nicht zum Hauptthema des Treffens werden – sonst werden die anderen Sie in Zukunft wahrscheinlich weniger gern besuchen. In solchen Zeiten ist der Umgang mit Nahestehenden ein Drahtseilakt: Versuchen Sie, nicht zu jammern, wie schlecht es Ihnen geht, aber spielen Sie auch nichts herunter. Seien Sie einfach ehrlich. Es ist natürlich gut möglich, dass Menschen sich von Ihnen abwenden, sobald Sie von Ihrer Erkrankung hören. Das tut weh – aber nehmen Sie es nicht persönlich. Unglaublich viele Menschen können die Auseinandersetzung mit Krankheit nicht einmal ansatzweise aushalten und sie treten den Rückzug an, sobald sich schwierige Situationen ab zeichnen.

Verschaffen Sie sich Bewegung. Wenn Sie zu lange allein in der Wohnung bleiben, bauen Sie negativen Stress auf, der sich am besten durch körperliche Betätigung abbauen lässt. Außerdem ist es nicht gut, wenn Sie tagaus, tagein dieselbe Umgebung um sich haben. Falls Sie sich unsicher fühlen, wenn Sie sich zu weit von Ihrer Wohnung entfernen, drehen Sie Runden um Ihren Wohnblock. Wenn Sie meinen, Sie müssen jetzt aber unbedingt in die Sicherheit der eigenen vier Wände, versuchen Sie noch eine Runde mehr zu machen – das gibt Ihnen das Gefühl, Ihrer Angst etwas entgegengesetzt zu haben.

Das ultimative Zaubermittel gegen Panikattacken zu Hause habe ich mir bis zum Schluss aufgehoben. Es stammt aus meinem eigenen Fundus an Heilmitteln, kostet nicht viel und ist garantiert ohne Nebenwirkungen. Sein Wirkstoff: Konzentration. Besorgen Sie sich ein Rätselheft oder schaffen Sie sich Patiencekarten an. Wenn Sie merken, dass sich eine Attacke ankündigt (im Laufe der Zeit werden Sie die Anzeichen schon richtig zu deuten wissen!), beginnen Sie eine Patience oder ein Rätsel (oder was auch immer Sie sich ausgesucht haben). Vielleicht wird es ein Weilchen dauern, aber irgendwann werden Sie merken, dass Ihre Panik verschwunden ist, sich durch die Ablenkung in Luft aufgelöst hat. Das klappt natürlich auch mit anderen Dingen (die Sie vielleicht lieber machen), Hauptsache ist, Sie müssen dafür ein gewisses Maß an Konzentration aufwenden. Fernsehen ist von daher weniger als Ablenkungsmittel geeignet.

Aber auch hier gilt, dass dies nur eine vorübergehende Krücke sein kann, die die Notwendigkeit einer tiefer gehenden Beschäftigung mit der Ursache Ihrer Angstzustände nicht überflüssig macht.

Wenn alle Stricke reißen und Sie das Gefühl haben, allein überhaupt nicht mehr zurechtzukommen, gibt es die Möglichkeit einer mehrmonatigen stationären Therapie in einer Fachklinik. Erkundigen Sie sich diesbezüglich bei Ihrem Hausarzt oder Ihrer Krankenkasse.

Es kann natürlich auch vorkommen, dass in Ihrem Leben eigentlich alles „in Ordnung“ ist und Sie dennoch hin und wieder von kleinen Panikanfällen geplagt werden, zum Beispiel wenn Ihnen in der Öffentlichkeit von einer Sekunde auf die andere „der Himmel auf den Kopf fällt“, Sie sich unsicher und entwurzelt fühlen und unbedingt sofort einen sicheren Ort brauchen. Solche Attacken können ebenfalls von heftigen körperlichen Symptomen begleitet sein wie Atemnot, Schwindel oder Übelkeit. Auch für diese Situationen sind die oben beschriebenen „Erste-Hilfe-Maßnahmen“ nützlich. Außerdem sollte man darüber nachdenken, warum man sich jetzt so schlecht fühlt, denn auch Miniattacken entstehen nicht aus dem Nichts heraus. Es gibt immer einen Grund, zum Beispiel, dass Sie in einer Situation nicht genügend auf sich geachtet und Ihre eigenen Bedürfnisse und Gefühle verleugnet haben. Je mehr Sie auf sich selbst achten, umso leichter wird es Ihnen fallen, einerseits den Gründen auf die Spur zu kommen und andererseits solche Situationen gar nicht erst entstehen zu lassen.

Was Sie schon immer über Sex wissen wollten

Sexualität ist zugegebenermaßen für Singles ein ziemlich düsteres Kapitel – falls Sie nicht zu den wenigen „Glücklichen" zählen, die in dieser Zeitspanne ihres Lebens nichts weiter erwarten und brauchen als gelegentliche One-Night-Stands. Der Ausspruch, den ich (meistens leicht theatralisch dahingeseufzt) in meinem Bekanntenkreis höre, ist „Ich habe schon Spinnweben zwischen den Beinen!" Das deutlich vernehmbare Bedauern erscheint mir auf jeden Fall ehrlicher als die Aussage mehrerer Damen aus einem anderen Singlebuch, die erklärten, sie bräuchten keinen Sex und könnten auf das gelegentliche Begehren durchaus verzichten. Nun mag das in diesen speziellen Fällen ja so gewesen sein – und doch klingt es für mich nach wilder Verbissenheit, keinen Sex brauchen zu wollen. Und wozu schlafende Hunde wecken, wenn ohnehin weit und breit niemand in Sicht ist, mit dem Sie gern Sex hätten – so wie Sie ihn möchten?

Ich bin allerdings felsenfest davon überzeugt, dass die meisten von uns Sex eben doch brauchen, ja, dass Sex in gewisser Weise für die psychische Hygiene unabdingbar ist, weil dadurch auf ganz einzigartige Weise Stress und körperliche Spannungszustände abgebaut werden. Ganz abgesehen davon, dass Sex das Immunsystem anregt und Ihnen ein gesundes Aussehen verschafft. Ich behaupte außerdem, dass all diese Dinge in fortgeschrittenem Alter immer wichtiger werden – was natürlich im Hinblick darauf schwierig ist, dass Frauen mit zunehmendem Alter von der Gesellschaft als weniger attraktiv erachtet werden. Dennoch: Schöne Sexualität mit sich selbst erscheint mir besser als gar keine.

Natürlich ist es sehr gut möglich, dass Sexualität für Sie etwas ganz und gar negativ Besetztes ist. Möglicherweise haben sexualisierte Gewalterfahrungen diesen Lebensbereich für Sie so weit verdorben, dass Sie keinen Zugang mehr finden und dies auch nicht wünschen. Vielleicht befinden Sie sich auch gerade in den Wechseljahren und gehören zu den Frauen, bei denen die Libido sich in dieser Zeit einfach verabschiedet. Das ist dann eben so.

Oder Sie zählen zu den Frauen, denen beigebracht wurde, dass alles Körperliche „schlecht" sei, die von Kindheit an darauf gedrillt wurden, ihren Körper und seine Bedürfnisse so weit zu ignorieren und zu verleugnen, dass sie sich nackt unwohl fühlen.

Es könnte aber auch sein, dass Sexualität für Sie eher negativ besetzt ist, weil Sie sich in diesem Bereich hauptsächlich als fremdbestimmt erfahren haben. Vor allem die älteren Semester unter Ihnen werden Sexualität vermutlich eher im Dunkeln erlebt haben als etwas, worüber man nicht spricht (weder mit dem Partner noch mit anderen Frauen) und das eher auf die Bedürfnisse des Mannes fixiert war als auf ihre eigenen.

Es ist natürlich verständlich, dass Sie nach solchen Erfahrungen die Lust an Sexualität verloren haben – aber es ist schade, wenn Sie sie deshalb für sich selbst auf immer ad acta legen – ohne je herausgefunden zu haben, welche Rolle sie für Sie spielen könnte.

Dabei ist jetzt genau der richtige Moment, um dem auf den Grund zu gehen. Jetzt könnten Sie Ihrem sexuellen Selbst behutsam und in aller Ruhe begegnen, ohne Stress und ohne die Angst, sich eine Blöße zu geben.

Wie immer gilt: Machen Sie es sich schön! Versetzen Sie sich selbst in eine romantische Stimmung mit Kerzen (wenn Sie mögen) und schöner Musik. Stöpseln Sie das Telefon aus und sorgen Sie dafür, dass Sie ungestört sind. Vielleicht fühlen Sie sich blöd bei dieser Aktion – aber lassen Sie sich nicht davon abhalten. Denken Sie daran: Der erste Schritt ist immer der schwerste. Nehmen Sie sich vor allem Zeit. Sexualität beinhaltet weit mehr als den kürzesten Weg zum Orgasmus. Unter Umständen reicht es für den Anfang, wenn Sie sich eine Weile nur streicheln – überall – und Ihren Empfindungen dabei hinterherspüren. Was empfinden Sie als angenehm, was nicht? Später – oder ein anderes Mal – können Sie auch die primären Geschlechtsorgane in die Berührungen mit einbeziehen. Spielen Sie einfach herum. Denken Sie an schöne sexuelle Begegnungen, lassen Sie Ihre Fantasie spielen.

Stellen Sie sich nackt vor einen Spiegel und sehen Sie sich in aller Ruhe an. Versuchen Sie, nicht daran zu denken, was andere sehen könnten. Was sehen Sie? Was mögen Sie an sich?

Es kann auch spannend sein, sich die eigene Vagina mit einem kleinen Spiegel anzusehen, nackt zu schlafen oder das sexy Gefühl auszukosten, keine Unterhose zu tragen (was sich natürlich nicht gerade im Winter empfiehlt ...). Der Fantasie sind hier keine Grenzen gesetzt, Hauptsache, Sie entdecken und/oder entwickeln Ihre Körperlichkeit. Vielleicht haben Sie auch Spaß daran, Ihre sexuelle Sinnlichkeit gemeinsam mit anderen in einem Tantra-Workshop für Frauen wiederzufinden. Solche Workshops gibt es mittlerweile in jeder größeren Stadt, Lesben müssen unter Umständen vielleicht einen längeren Anfahrtsweg in Kauf nehmen.

"Fortgeschrittene“ haben vielleicht Spaß daran, ihre Experimente auszuweiten und Sex Toys auszuprobieren. Möglicherweise werden Sie die Entdeckung machen, dass Penetration Ihnen ausnehmend gut gefällt, möchten aber nicht den Mann dazu. Dann könnte ein Dildo oder ein Vibrator das Richtige für Sie sein (Das Wunderbare an diesen Dingern ist außerdem, dass Sie damit so umgehen können, wie es Ihnen Spaß macht!). An Sexspielzeugen ist wirklich nichts Verwerfliches – es geht einzig und allein darum, Spaß an Sex zu entwickeln. Zwar haben die meisten Sexshops heutzutage ihr Schmuddelimage von einst verloren, trotzdem werden Sie sich vermutlich eher in einem der Frauensexshops wohl fühlen, die es heute in fast allen Großstädten gibt. Trauen Sie sich! Dort hat man Erfahrung mit ängstlichen Besucherinnen und wird Ihnen sicherlich kein Gespräch aufdrängen wollen. Begnügen Sie sich mit einem „Ich wollte mich nur einmal umschauen“ und tun Sie das auch in aller Ruhe – vermutlich werden Sie überrascht sein über die Vielfalt an verführerischen Formen und Farben. Kaufen Sie erst etwas, wenn Sie sicher sind, dass Sie es auch wirklich haben wollen – denn Sex Toys sind nicht gerade billig. Speziell bei der Erstanschaffung sollten Sie etwas auswählen, das Sie so schön finden, dass Sie es sicher gern anfassen.

In manchen Frauensexshops haben Männer generell in Begleitung Zutritt, in anderen nur an manchen Tagen. Wenn Sie den Gedanken an Männer in diesem Zusammenhang störend finden, erkundigen Sie sich vorher.

Das Betreten eines Frauensexshops kann Ihnen in Begleitung vielleicht leichter fallen, zumindest kann man sich hier mit Kichern über Befangenheit hinwegretten. Aber wenn Sie gegenüber der Begleitung in Befangenheit fallen (und umgekehrt), ist die Hilfe dahin und Sie kommen vom Regen in die Traufe. Mein Tipp daher: Gehen Sie allein!

Eine Alternative wäre, sich etwas in einem der vielen Versandshops zu bestellen. Das ist einerseits leichter, weil Sie anonymer bleiben können, andererseits haben Sie aber nicht die Möglichkeit, den Gegenstand, den Sie bestellen wollen, vorher in die Hand zu nehmen und zu begutachten.

Lesben haben möglicherweise nicht die gleichen Erfahrungen in puncto männerfixierte Sexualität, das bedeutet aber nicht automatisch, dass sie sich ihrer eigenen Sexualität bewusster wären als heterosexuelle Frauen.

Vielleicht gehören Sie zu einer Generation, in der Homosexualität stigmatisiert wurde, und haben Beleidigungen oder Beschimpfungen so weit verinnerlicht, dass Ihre Körperlichkeit ein von Ihnen abgespaltetes Leben führt, was so weit gehen kann, dass Sie sich unter gar keinen Umständen selbst berühren mögen und auch Sex mit sich selbst nur unter Ausschluss direkter Berührung möglich ist. Natürlich können Sie auch blutjung sein und sich Ihrer Homosexualität schämen. Auf jeden Fall sind Sie alle keinen Deut besser dran als Ihre heterosexuellen Kolleginnen.

Lassen Sie sich ein auf das Abenteuer Sexualität! Versuchen Sie, Ihre Erziehung hinter sich zu lassen und damit all die dummen (noch schlimmer: lebensfeindlichen) Verbote, die man Ihnen eingeimpft hat. Verschaffen Sie sich selbst ein Stück Lebensfreude – und Genuss.

Vor allem für Frauen der älteren Generation sind Sex Toys und Penetration häufig „pfui“, weil daran der Beigeschmack von „Mann“ haftet. Völliger Unsinn! Auch diesen Damen möchte ich gern zurufen: „Es geht darum, SPAAAASS zu haben, mehr nicht! Und wenn Sie Penetration nicht mögen, ist das okay und Ihre Sache, aber hören Sie auf, andere dafür zu verurteilen, dass sie es mögen!“

Zurück zum Thema. Nehmen wir mal an, Sie haben bereits reichlich herumexperimentiert und sind sich Ihrer Bedürfnisse leider nur zu genau bewusst. Was dann?

Werfen wir einmal einen Blick auf Ihre Optionen.

Der One-Night-Stand: Die einmalige Gelegenheit, die sich auf verschiedenen Wegen ergibt. Manchmal völlig unerwartet, manchmal wird es darauf angelegt. Ich kann mir schon vorstellen, dass der Kick des One-Night-Stands gerade im völlig Fremden liegt. Purer Sex. Keine weitergehenden Verpflichtungen. Vielleicht auch eine Freiheit im experimentellen Sinne?

Als Heranwachsende war ich in dieser Hinsicht ziemlich unbefangen, ich nahm mit, was ich an Sexualität bekommen konnte. Die Männer waren eigentlich nur insofern wichtig, dass sie mich auch wollen sollten. Diese Unbefangenheit ist im Laufe der Jahre verloren gegangen. (Ehrlicherweise muss ich dabei zugeben, dass es damals nur selten zum klassischen Beischlaf kam!) Schon längst betrachte ich Sex nicht mehr notwendigerweise als an Liebe gekoppelt, theoretisch könnte ich also puren Sex wunderbar genießen. Doch leider ist es in der Praxis eben doch nicht so: Mir fehlt nicht nur der Sex, mir fehlt auch ein Quäntchen Verliebtheit, liebevolle Zärtlichkeit, ich will nicht nur Mittel zum Zweck sein, sondern als Person begehrt werden – weil mir das als Single wirklich fehlt, den puren Sex kann ich ja ebenso gut mit mir allein haben. Damit bin ich sicherlich nicht allein, in meinem Umfeld jedenfalls werden One-Night-Stands aus diesen Gründen äußerst kritisch betrachtet.

Eine Affäre scheint da schon eher geeignet, diese Bedürfnisse zu erfüllen. Nun ist „Affäre“ ein äußerst dehnbarer Begriff. Ich liege sicher nicht falsch damit, dass die meisten Menschen sich darunter etwas Schönes und Unbeschwertes vorstellen, eine Situation, in der sie positive Gefühle erleben. Aber eine Affäre bleibt selten eine Beziehung light, sondern kann sich ziemlich schnell in etwas Beziehungsähnliches verwandeln – vor allem dann, wenn die Beteiligten nicht genug miteinander kommunizieren. Auch die Dauer einer Affäre kann nach Belieben variieren. (Einmal habe ich eine Frau getroffen, deren Affäre sich über die unglaubliche Dauer von fünfzehn Jahren erstreckte!). Dennoch kann sie helfen. Doch bevor Sie sich in eine stürzen, wäre es sicherlich angebracht, sich zu überlegen, was genau Sie eigentlich möchten und wo Ihre Grenzen liegen.

Eine Affäre scheint beispielsweise häufig ein probates Mittel für Menschen, in deren Beziehung der sexuelle Teil eingeschlafen ist. „Prima, ich will eigentlich ja sowieso nur Sex!“ mögen Sie sich sagen. Aber sich ein sexuelles Arrangement vorstellen ist eine Sache, es auch zu leben, eine andere. Schnell kann sich da ein schaler Geschmack einschleichen, vor allem, wenn Sie sich über Ihre eigenen Bedürfnisse nicht so recht im Klaren sind, zum Beispiel sich eigentlich nicht nur den Sex an sich wünschen, sondern auch Zuneigung oder gar Liebe.

Andererseits birgt eine Affäre auch immer das Potential in sich, Ihr Leben völlig herumzureißen. Die schlichte Tatsache, begehrt und berührt zu werden, kann Wunder bewirken – da müssen wir uns wohl nichts vormachen.

Wie gut oder schlecht eine Affäre gelebt werden kann, hängt auch ganz wesentlich von dem oder der anderen ab. Wichtig ist in jedem Fall, dass Sie versuchen, den Kontakt zu Ihrer Mitte zu halten – und mit der anderen Person zu reden. Je mehr Sie miteinander kommunizieren, umso größer sind Ihre Chancen, aus Ihrer Affäre etwas Schönes zu machen.

Sex mit sich selbst. Viele Menschen sind häufig geneigt, Selbstbefriedigung für einen mageren Ersatz zu halten, in Ermangelung von „Besserem“. Ich erliege diesem Trugschluss selbst hin und wieder – obwohl ich weiß, dass er falsch ist. Schließlich treiben viele Menschen es auch mit sich selbst, die in Beziehungen leben. Autosex ist nichts anderes als eine *andere* Art sexueller Betätigung und hat die Verachtung, mit der er so häufig belegt wird, gar nicht verdient. Zugegeben, es ist niemand da, der Sie begehrt, dafür haben Sie aber die Möglichkeit, sich sehr viel intensiver auf sich selbst und Ihre Gefühle zu konzentrieren. Wenn Ihnen das Empfinden von Haut auf Haut dabei fehlt, kann es helfen, eine Hand irgendwohin auf Ihren Körper zu legen. Was Sie sonst noch alles tun können, habe ich ja schon am Anfang des Kapitels eingehend beschrieben.

Der Vollständigkeit halber sei hier noch der käufliche Sex erwähnt. Für mich ist diese Option nicht nur aus finanziellen Gründen indiskutabel – hartnäckig bestehe ich darauf, um meiner selbst willen begehrt zu werden –, aber meine Skrupel müssen Sie ja nicht unbedingt teilen.

Ohne Moos nix los?

Als arbeitsloser, berenteter oder kranker Single leben Sie unter extrem verschärften Bedingungen, da Sie sich sozusagen in einem permanenten Wochenende befinden und vermutlich sehr viel allein sein werden, nicht zu vergessen die psychische Belastung, die Arbeitslosigkeit stets darstellt – schließlich ist jetzt alles anders als vorher. Vor allem, wenn Sie vorher gut verdient haben, werden Sie sich ziemlich umorientieren müssen.

Als allererste Sofortmaßnahme empfiehlt sich meines Erachtens eine intensive Beschäftigung mit sämtlichen finanziellen Möglichkeiten, die Ihnen offen stehen. Kündigen Sie alle Verträge, Abos etc., die Sie nicht unbedingt brauchen. Auch bestehende Verträge zu prüfen ist sicherlich ratsam, vielleicht bekommen Sie bei einem anderen Anbieter dieselbe Leistung für weniger Geld?

Stellen Sie gleich zu Beginn der Arbeitslosigkeit beim Arbeitsamt einen Antrag auf Rückerstattung der Bewerbungskosten. Es handelt sich hier zwar um eine freiwillige Leistung des Arbeitsamtes, aber falls Sie hier nach einem Jahr eine Zahlung erhalten, ist es natürlich besser, so viele Bewerbungen wie möglich vorweisen zu können.

Es nutzt übrigens tatsächlich etwas, alle elektrischen Geräte, die sich nicht wirklich ausschalten lassen, sondern nur auf Stand-by zu schalten sind, nachts und immer dann, wenn Sie sie nicht benötigen, auszustöpseln.

Schöpfen Sie alle Möglichkeiten staatlicher finanzieller Beihilfen aus, wie Wohngeld oder verbilligte Telefonanschlüsse. Vielleicht gibt es in Ihrer Stadt auch Ausweise für „einkommensschwache" Personen? Mit einem solchen Ausweis können Sie günstiger die öffentlichen Verkehrsmittel benutzen, in Museen gehen und vieles mehr.

Selbst harmlose Krankheiten können sich in Zeiten finanzieller Engpässe zu kleineren Katastrophen auswachsen. Die Gesundheitsreform macht es möglich, dass ein gewöhnlicher grippaler Infekt Sie eben mal locker an die 20 EUR kostet. Auch das muss nicht sein. Ich habe jedenfalls die Erfahrung gemacht, dass es sich durchaus lohnen kann, sich im Bereich alternativer Medizin umzuschauen, homöopathische Mittel sind meistens billiger als naturheilkundliche, wie auch Schüsslersalze oder die guten alten Hausrezepte (mittlerweile schwöre ich auf Hühnersuppe und Holundersaft ...)

Vielleicht ergibt sich auch eine Möglichkeit, auf legale Weise etwas hinzuzuverdienen, indem Sie Dinge verkaufen, auf Flohmärkten oder in Internetauktionen? (Vor allem die Internetauktionen halten Sie sehr auf Trab ... und sie bieten einem die Möglichkeit, sich von sehr viel altem, unbenötigtem Krempel zu trennen.) Vom Kaufen übers Internet rate ich allerdings ganz dringend ab, vor allem über Auktionen. Das Ersteigern hat nämlich eine ganz eigene Dynamik, die sich ziemlich schnell verselbstständigt – ganz abgesehen davon, dass begehrte Dinge letzten Endes dann doch fast ebenso teuer sind wie im Laden und Sie dann meistens auch noch das Porto zu zahlen haben.

Auch die gute alte Haushaltsführung kann in einer finanziell schwierigen Situation wieder zu Ehren kommen. Es kann recht hilfreich sein, sich ein Haushaltsbuch anzuschaffen und nachzuvollziehen, wohin das Geld (ach, so schnell!!!) verschwindet. Preisvergleiche lohnen sich natürlich immer, auch wenn das Einkaufen dadurch viel zeitaufwändiger wird – aber das verschafft Ihnen ebenfalls Beschäftigung.

Falls Sie zusätzlich von einem dicken Schuldenberg erdrückt werden, könnte Ihnen das Einleiten eines privaten Insolvenzverfahrens wieder eine Perspektive bieten. Erkundigen Sie sich bei Ihrer örtlichen Schuldnerberatung nach den Möglichkeiten.

Eine Arbeitslosigkeit, so unwillkommen sie auch sein mag, kann jedoch auch immer eine Chance für eine Veränderung sein. Vielleicht ist jetzt die Gelegenheit, etwas anderes zu versuchen, wenn Sie keine Arbeit in Ihrem bisherigen Beruf mehr finden können oder er Sie nicht mehr befriedigt? Vielleicht haben Sie schon länger mit beruflicher Selbstständigkeit geliebäugelt? Die Zeiten sind zugegebenermaßen nicht leicht, aber das muss nicht zwangsläufig bedeuten, dass Sie auf berufliche Erfüllung verzichten müssen.

So oder so wird es Ihnen viel besser gehen, wenn Sie Ihre Arbeitslosigkeit nicht primär als Unglück begreifen, sondern vielleicht als Auszeit (oder welchen Namen auch immer Sie ihr geben möchten). Natürlich ist Ihre Situation schwierig, aber dennoch können Sie viel für sich tun, ohne großartig Geld dafür ausgeben zu müssen. Jetzt können Sie Ihren körperlichen Bedürfnissen, die im Berufsalltag häufig viel zu kurz kommen, Genüge tun: Tanken Sie Energie, starten Sie eine große Wellness-Offensive, indem Sie sich mit ausreichend Schlaf, gesundem Essen und viel Bewegung an der frischen Luft versorgen – das wird nicht nur Ihre körperliche Verfassung, sondern auch Ihr Nervenkostüm stabilisieren.

Für viele Menschen lauert hinter einer Arbeitslosigkeit stets das Schreckgespenst einer Depression – in die man durchaus fast unmerklich und schleichend hineingleiten kann. Schließlich neigen viele Menschen dazu, sich ohne regelmäßige Arbeit als „wertlos“ zu empfinden. Wenn Sie sich bislang hauptsächlich über Ihre Arbeit definiert haben, werden Sie sich mit dem Zustand der Arbeitslosigkeit ohnehin eher schwer tun. Vielleicht sollten Sie sich jetzt einmal darüber Gedanken machen, was „Arbeit“ für Sie eigentlich bedeutet oder ob Sie sie möglicherweise als Mittel benutzt haben, um sich selbst aus dem Weg zu gehen? Dann könnten Sie diese Zeit eventuell dazu nutzen, diesen Lebensbereich für sich neu zu definieren oder einen Zugang zu sich selbst zu finden?

Ob es sich nun um eine vorübergehende oder eine endgültige Situation handelt: Sie müssen lernen, sich mit Ihrem Zustand der „Beschäftigungslosigkeit“ zu arrangieren (besser noch: sich darin einzurichten) und zwar dergestalt, dass Sie Ihr Leben auch ohne Arbeit sinnvoll und erfüllend finden. Falls Sie nicht jetzt schon auf Dauer „beschäftigungslos" sind, so wird doch in naher oder ferner Zukunft die Zeit der Rente auf Sie zukommen, da kann es nicht schaden, das „dolce Vita" schon mal zu erproben.

Wichtig ist es auf jeden Fall, dass Sie nicht eine gewisse Nachlässigkeit die Oberhand gewinnen lassen und Ihre Zeit hauptsächlich im Bett oder vor dem Fernseher verbringen. Sonst wird über kurz oder lang mit Sicherheit bei Ihnen eine Depression Einzug halten. Wenn Sie so richtig ausgeschlafen sind, ist es sinnvoll, morgens nicht allzu spät aufzustehen und dafür zu sorgen, dass sich der Tag nicht mit gähnender Leere endlos hinzustrecken scheint. Bewegung ist gerade in solchen Zeiten unerlässlich, wenn Sie hauptsächlich auf dem Sofa oder Bett oder sonst wo herumliegen, laufen Sie Gefahr, innerlich und äußerlich zu erstarren und Ihr Leben zum Stillstand zu bringen. Wenn Sie erst einmal so weit gekommen sind (und glauben Sie mir, das geht ziemlich rasch!), sind Perspektivlosigkeit und die damit verbundenen depressiven Zustände nicht mehr weit. Und natürlich lauert hier auch ein Suchtgespenst, das einen in den Griff bekommen kann, ehe man sich`s versieht. Dass man in solch einer scheinbar ausweglosen Situation eventuell öfter etwas trinkt, als einem gut täte, ist leicht nachzuvollziehen. Aber nicht nur der Alkohol, die unterschiedlichsten Dinge können unversehens zur Sucht werden; so kann sich die Freude an einer sauberen und aufgeräumten Wohnung schnell und heimlich in einen manischen

Putzzwang verändern, der in eine ebensolche Erstarrung führt wie das Gegenteil.

Es gibt übrigens einen höchst wirksamen Jin-Shin-Jyutsu-Griff mit dem Namen „Wechsel, Wandel, Neubeginn", der Sie dabei unterstützen kann, Ihr Leben wieder in Bewegung zu bringen: Legen Sie sich hin (diese Übung können Sie auch vor dem Fernseher machen), winkeln Sie die Beine an, so dass sich die Innenseite der Knie berühren, legen Sie die rechte Hand auf die linke Seite über die Kuhle zwischen Schlüsselbein und Schulter, so dass die Hand oben auf dem Rücken liegt. Legen Sie zum Schluss noch den Daumen der linken Hand auf den Nagel des linken kleinen Fingers. Bleiben Sie zehn Minuten so liegen und wechseln Sie dann die Seite. Machen Sie diese Übung täglich. Sie kann beispielsweise bewirken, dass Sie plötzlich Lust bekommen, Liegengebliebenes zu erledigen oder Neues auszuprobieren, oder dass Sie mit Trauer und Verlust besser fertig werden – ein Versuch lohnt sich also.

Sorgen Sie für viel Bewegung. Gehen Sie mindestens einmal am Tag spazieren. Wenn Sie ein Fahrrad haben, könnten Sie kleine Radtouren planen an Orte, die Sie immer schon einmal sehen wollten oder gern wiedersehen möchten. Vielleicht können Sie auch Gleichgesinnte mit Tagesfreizeit finden?

Ohnehin ist es gut, wenn Sie sich nicht ausschließlich mit sich selbst und Ihrer momentanen Situation beschäftigen. Da viele Arbeitslose dazu neigen, sich ohne Arbeit nutzlos zu fühlen, wäre eine geeignete Gegenmaßnahme, dass Sie sich irgendwo engagieren, idealerweise im gemeinnützigen Bereich. Schließen Sie sich einer Arbeitsloseninitiative an, werden Sie in einem Verein tätig, arbeiten Sie bei den Tafeln mit oder führen Sie Hunde Ihres örtlichen Tierheims aus – es gibt unendlich viele Möglichkeiten, sich sozial zu betätigen und Nützliches zu leisten. Suchen Sie sich etwas, das Sie immer schon interessiert hat, und probieren Sie es aus! Damit schlagen Sie gleich mehrere Fliegen mit einer Klappe, denn soziale Kontakte sind für Sie jetzt wichtiger denn je.

Eine der großen Gefahren der Arbeitslosigkeit ist ohnehin die Einschränkung der sozialen Kontakte. Die Begrenzung Ihrer finanziellen Möglichkeiten kann leicht zu einem sozialen Rückzug führen, plötzlich ist es nicht mehr so ohne weiteres möglich, sich mal eben für einen Abend lang auswärts zu verabreden oder spontan ins Kino oder sonst wohin zu gehen. Aber auch das müssen Sie nicht einfach so hinnehmen. Schließlich können Sie sich mit Ihren Freunden auch zu Hause treffen. Von guten Freunden können Sie hier durchaus Verständnis verlangen und die Bereitschaft einfordern, sich den geänderten Gegebenheiten anzupassen!

Kleiner Exkurs für Trauerklöße

Kürzlich habe ich gelesen, dass bei Singles ein erhöhtes Risiko für eine Herzerkrankung besteht. Die Gründe dafür liegen auf der Hand: ungesunde Ernährung, fehlende Bewegung, schlechte Angewohnheiten wie Rauchen und Alkoholkonsum und nicht zuletzt Stresszustände, wie sie für den Körper zum Beispiel durch Depressionen entstehen. Ich war schockiert zu erfahren, dass Depressionen für das Herz genauso schädlich sind wie Rauchen – dabei sollte das eigentlich nicht überraschen.

Depressionen sind, glaube ich, *die* Krux für Singles, weil sie ihnen allein begegnen müssen – und das ist nicht leicht. Erst recht nicht für Langzeit-Singles. Und glauben Sie mir, eine Depression zu haben bedeutet nicht unbedingt, stundenlang regungslos auf dem Boden zu liegen und sich zu wünschen, man sei tot! Natürlich könnten wir uns jetzt seitenlang mit medizinischen Begrifflichkeiten beschäftigen, die den jeweiligen Grad der Depressivität bezeichnen. Mir erscheint das jedoch kontraproduktiv, weil verschleiernd. Ich finde ein generelles Unglücklichsein im eigenen Leben völlig ausreichend. Für mich ist das bezeichnendste Merkmal depressiver Menschen, dass immer die anderen schuld sind – woran auch immer.

Depressive Menschen – so meine Erfahrung – glauben, dass das Leben ihnen etwas schuldet. Aber das ist falsch. Nicht das Leben, sondern sie selbst schulden sich etwas! Das „Leben" kommt von allein – wenn Sie es aktiv in die Hand nehmen, sich mit dem zu versorgen, was Sie brauchen!

Doch davon abgesehen: Wenn Sie sich in dem genannten Zustand befinden, sollten Sie sich ohnehin unverzüglich in medizinische Behandlung begeben und den bereits an anderer Stelle erwähnten mehrmonatigen Aufenthalt in einer Klinik in Erwägung ziehen. Ansonsten wäre eine ambulante Therapie sicherlich angemessen. Die Naturheilkunde bietet ebenfalls zahlreiche Hilfestellungen wie zum Beispiel durch Bachblüten, Kräutertees etc. (Johanniskraut und Melisse etwa sind bei depressiven Verstimmungen sehr wirksam).

Trotzdem, Sie können es drehen und wenden, wie Sie wollen, wenn Sie langfristig etwas an Ihrem Leben ändern möchten, kommen Sie nicht umhin, Verantwortung für sich selbst zu übernehmen.

Vielleicht finden Sie allein den Gedanken obszön, dass es Ihnen gut gehen könnte, wo doch Millionen anderer Menschen leiden und nicht einmal das Nötigste vom Nötigen haben? Hören Sie auf, sich hinter dem Leid der anderen zu verstecken! Ihre eigene Verfassung ändert nichts an den Leiden der anderen. Da können Sie ebenso gut dafür sorgen, dass Sie es gut haben. Und aus dieser gestärkten Position heraus sind Sie vermutlich viel eher in der Lage, sich sozial zu engagieren und etwas zu bewirken – wenn auch eher im kleinen Maßstab: Sie können die Welt, so wie sie ist, eben nicht von Grund auf verändern. Aber Sie können sie zu einem angenehmeren Ort machen – für sich selbst und andere.

Vielleicht haben Sie das Gefühl der eigenen Wertlosigkeit schon Ihr ganzes Leben mit sich herumgeschleppt, weil es Ihnen von frühester Kindheit an vermittelt wurde. Damals hatten Sie vermutlich in Ihrer kindlichen Abhängigkeit keine andere Wahl, als die Werte, mit denen Sie eben groß wurden, auch anzunehmen. Heute sind Sie erwachsen – und Sie haben eine Wahl. Sie können sich für sich selbst entscheiden, dafür, dass Sie es gut haben – weil Sie es sich wert sind.

Verrückt nach Liebe

“Wir sind Singles, weil wir so toll sind!“ habe ich in einem Singlebuch gelesen. Gemeint war damit, sich nicht irgendwem an den Hals zu werfen, nur um nicht allein zu sein. Man sollte im Gegenteil darauf bestehen, einen Partner oder eine Partnerin nach dem eigenen Gusto zu bekommen. Das ist an sich natürlich nicht falsch, dennoch können sich die Standards, die man im Laufe der Zeit für sich selbst festlegt, zu einer höchst zweischneidigen Angelegenheit entwickeln. Je länger man solo ist, umso konkreter wird nämlich das Bild des Wunschpartners, was die eigenen Ansprüche immer unerfüllbarer werden lässt. Auch in meinem Kopf geistert unübersehbar das Bild meiner Zukünftigen herum, versehen mit einem ansprechenden Äußeren und jeder Menge schöner inneren Werte, die ich für unabdingbar halte. Nur habe ich davon leider nichts. Genauso wenig, wie Sie von Ihrem oder Ihrer Zukünftigen haben. Wenn wir uns auf diese Weise festlegen, rauscht das Leben mit seinen vielfältigen Beziehungsmöglichkeiten nämlich glatt an uns vorbei – ohne dass wir es merken. Und ist es nicht auch ziemlich traurig, dass wir einerseits um unserer inneren Werte willen geliebt werden wollen, andere aber beim ersten Blick nur nach Äußerlichkeiten beurteilen?

Ganz zweifellos gibt es Menschen, die Ihnen nicht gut tun und von denen Sie sich besser fern halten sollten, sie sind hier aber nicht gemeint. Sondern eher jene äußerlichen Kategorien wie Haarfarbe, Körperbau oder Alter, denen wir eine unerhörte Wichtigkeit glauben beimessen zu müssen und die sich – hat es uns wider Erwarten dann doch einmal erwischt – in Luft auflösen. Mit solchen Einschränkungen schaden wir uns in der Regel nur selbst.

Viele Singles betrachten sich selbst als Opfer unglücklicher Umstände, finden es unbegreiflich, dass sie solo sind, obwohl sie sich doch nichts sehnlicher wünschen als eine Beziehung, und verzweifeln schier darüber, dass sich trotz der vielen Millionen anderer Singles kein Partner bzw. keine Partnerin finden lässt.

Lassen Sie mich hierzu etwas sagen, auch wenn Sie es höchstwahrscheinlich nicht hören wollen: Sie sind kein Opfer. Sie wollen es so. Auch wenn es Ihnen nicht bewusst sein mag – das Unterbewusstsein hat trotzdem stets seine Hand im Spiel. In vielen Fällen mag das eine tief sitzende Furcht vor Nähe und Intimität sein, davor, sich wieder einzulassen, vor der Möglichkeit, (wieder?) verlassen zu werden, erkannt zu werden als die Person, die man ist, (was vor allem zum Tragen kommt, wenn Sie selbst sich nicht für liebenswert halten), die Angst, sich selbst in einer Beziehung aufzugeben ... es gibt unendlich viele Gründe, warum Menschen doch lieber keine Beziehung eingehen möchten, auch wenn ihnen selbst das nicht so bewusst sein mag. Wenn Sie selbst sich für ein Opfer halten, kann es ungemein hilfreich sein, Ihren Beziehungsängsten auf die Schliche zu kommen, dann werden Sie erkennen, dass sich die Opferrolle, die Sie so gern und so lange gespielt haben, überholt hat. Eine Situation, die Sie selbst geschaffen und gestaltet haben, werden Sie ganz anders erleben. Setzen Sie sich mit Ihren Ängsten auseinander, sprechen Sie, wenn möglich, darüber mit anderen Menschen und/oder besorgen Sie sich zu dem entsprechenden Thema Literatur. Ängste wollen bewältigt werden – und das geht nur über den Weg der Auseinandersetzung.

Weiblich, ledig, jung sucht ...

An und für sich sind Kontaktanzeigen ja eine prima Sache, oder? Vor allem schüchterne Menschen können von diesem Prozedere profitieren, da hier der erste Kontakt auf einer eher unpersönlichen Ebene stattfindet und man erst einmal um die direkte persönliche Ansprache herumkommt. Außerdem ist es heutzutage nicht eben einfach, die passende Ergänzung zu finden. Sicher kennen Sie das auch, dass die Personen, die einem so richtig gut gefallen, in der Regel bereits „vergeben" sind. Da erscheint es logisch, sich direkt an diejenigen zu wenden, die nicht in einer wie auch immer gearteten Partnerschaft leben, um dieses Frustmoment gleich von vornherein auszuschalten. Nicht zu vergessen die vielen Spannungsmomente, die diese Art der Kontaktaufnahme bietet: Das Verfassen der Anzeige, das Wegschicken, das Warten auf Antworten, das erste Telefonat und schließlich die erste Begegnung – bei der die aufgebaute Spannung häufig wie eine Seifenblase zerplatzt.

Ich bin selbst ein Ex-Kontaktanzeigen-Junkie. Auch heute noch lese ich in meinem örtlichen Stadtmagazin zuerst die Kontaktanzeigen; hin und wieder kommt es sogar noch vor, dass ich mich von einer besonders schönen Annonce zu einer Antwort verführen lasse – aber dann ärgere ich mich über mich selbst und bin eher froh, wenn die unbekannte Inserentin von einer Antwort an mich abgesehen hat. Ich habe weder über die Anzahl der Anzeigen, die ich selbst aufgegeben, noch über die, auf die ich geantwortet habe, Buch geführt, aber heute weiß ich, es waren zu viele. Ich habe daher von dieser Art der Kontaktaufnahme Abstand genommen (von gelegentlichen „Rückschlägen“ mal abgesehen).

Sie sollten sich darüber im Klaren sein, dass Sie sich, wenn Sie mittels einer Kontaktanzeige auf Partnersuche gehen, zu Markte tragen, einem Markt, auf dem es recht unbarmherzig zugeht. Inserenten von Kontaktanzeigen bewegt im Wesentlichen eines: die Suche nach dem Traumpartner oder der Traumpartnerin als Verkörperung all unserer Wunschvorstellungen, denen übrigens häufig unser eigenes Ich zugrunde liegt. Es ist sicher menschlich, eine größtmögliche Übereinstimmung mit unseren Vorlieben erreichen zu wollen, wenn wir uns schon auf diese Art der Partnersuche einlassen, aber wenn Sie es einmal ganz nüchtern betrachten, werden Sie sicher feststellen, dass dieses Vorgehen in etwa so ist, als versuchten Sie, Ihren Traumpartner oder Ihre Traumpartnerin per Katalog zu kaufen. Womit wir schon mitten im Warencharakter der ganzen Angelegenheit sind: Sie bieten sich an als Ware, werden begutachtet und abgecheckt im Hinblick auf Ihre angebotenen Eigenschaften und Ihr Äußeres (sofern Sie ein Bild beigelegt haben). Bei Nichtgefallen geht die Ware zurück.

Dummer- oder sollte ich sagen glücklicherweise? bleibt die Angelegenheit nicht auf diesen kalten Warenaustausch beschränkt. Denn die „Waren“ selbst sind ja in einem Übermaß beladen mit Hoffnungen, Ängsten und Sehnsüchten. Manche von uns mögen ein so dickes Fell haben, dass sie „Retouren“ einfach so wegstecken, für viele bedeuten sie aber eher eine Ablehnung der gesamten Person, was schon ziemlich auf das eigene Selbstbewusstsein schlagen kann. Dabei ist jeder in diesem Spiel gleichermaßen Opfer und Täter; paradoxerweise tendiert man allerdings häufig dazu, die eigene Opferrolle (der oder die will mich nicht!) überdeutlich, die Täterrolle (den oder die will ich nicht!) hingegen kaum wahrzunehmen.

So oder so, die Krux bei der Partnersuche per Kontaktanzeige ist ohnehin, dass das Pferd hier von hinten aufgezäumt wird: Erst wird das Äußere für gut befunden, dann verliebt man sich eventuell. Ein wunderbares Beispiel in diesem Zusammenhang ist das in Mode kommende „Schnell-Dating“, bei dem den Kandidaten nur einige Minuten Zeit zum Kennenlernen zugestanden werden. Zwar weiß ich wohl, dass man im Allgemeinen innerhalb von sechs Sekunden intuitiv darüber entscheidet, ob man jemanden mag oder nicht, ich wage aber zu bezweifeln, dass es mit dem Sichverlieben ebenso schnell geht (Liebe auf den ersten Blick ist doch wohl ein eher seltenes Geschenk?!). Es ist ganz unbestritten, dass das Äußere einer Person eine wichtige Rolle bei der Anziehung spielt, nichtsdestotrotz glaube ich, dass auch heute noch der Prozess des Sichverliebens eher von innen nach außen läuft, nämlich dass man sich aufgrund eines oder mehrerer liebenswerter Charakterzüge in jemanden verliebt und dann erst in das attraktive Äußere. Die Überbewertung der Attraktivität des anderen gerät so zur Stolperfalle, was der Grund dafür sein mag, dass es für so viele Menschen auch auf diesem Wege nicht klappen will.

Meine eigene Erfahrung hat mich übrigens gelehrt, dass diese Art der Partnersuche häufig von Menschen gewählt wird, die selbst ein eher ambivalentes Verhältnis zu Beziehungen haben, also sich zwar augenscheinlich eine Beziehung wünschen, im Grunde aber doch – mehr oder weniger unbewusst – nicht so recht dazu bereit sind (siehe Kapitel „Verrückt nach Liebe", Seite 129ff.). Vielen Menschen ist offensichtlich nicht klar, dass Trauern über das Ende einer Beziehung ein fester Bestandteil derselben ist, auch wenn sie per se nicht mehr zu bestehen scheint. Sich auf jemanden einlassen funktioniert jedoch nur, wenn man den oder die Ex losgelassen hat – und zwar ganz, nicht nur ein bisschen –, was dauern kann, unter Umständen sehr viel länger, als die ganze Beziehung gedauert hat. Von einer Beziehung in die nächste zu hüpfen funktioniert nur in den seltensten Fällen. Seien Sie deswegen vorsichtig, wenn Sie eine Person kennen lernen, die ihre Beziehung erst vor kurzem beendet hat, das Objekt Ihrer Begierde mag Ihnen noch so glaubhaft versichern, mit dem oder der Ex fertig zu sein – und auch selbst daran glauben –, die Wirklichkeit sieht leider häufig anders aus und Sie stehen dann da mit wundem Herzen und eine Erfahrung reicher. Aber denken Sie in einem solchen Fall daran, dass das Scheitern Ihrer neuen Beziehung höchstwahrscheinlich wenig mit Ihnen selbst zu tun hat, sondern eher mit mangelnder Vergangenheitsbewältigung Ihres Gegenübers anderen.

Ein ebenfalls recht schwieriger Aspekt ist, dass innerhalb kurzer Zeit sehr viele Menschen in Ihr Leben treten und es ebenso schnell wieder verlassen, das kann unter Umständen schon deprimieren. Daraus kann sich als weiterer großer Stolperstein fast eine Art Sucht entwickeln, gepaart mit einer gehörigen Portion Verbissenheit. „Schließlich *muss* es doch möglich sein, jemanden zu finden!" mögen Sie sich dann sagen. Das kann dazu führen, dass Sie nach einer Serie von Fehlschlägen Ihre Anstrengungen verdoppeln, die unter Umständen wieder in Fehlschläge münden undsoweiterundsofort. Es liegt auf der Hand, dass es Ihnen am Ende vermutlich sehr viel schlechter geht als vorher. In so einem Fall wäre es wahrscheinlich ratsam, von dieser Art der Kontaktsuche Abstand zu nehmen.

All dies muss aber nicht zwangsläufig bedeuten, dass es unmöglich ist, jemanden über eine Kontaktanzeige kennen zu lernen. (Tatsächlich kenne ich Menschen, die so zu einer Beziehung kamen!) Sicher ist jedoch: Einfach ist es nicht und Sie sollten sich vorher überlegen, ob Ihr Fell dafür dick genug ist; sensible Naturen können hier jede Menge Federn lassen.

Falls Sie diesen Weg trotzdem einschlagen wollen, habe ich noch ein paar Tipps für Sie:

Wenn Sie selbst inserieren: Geben Sie sich Mühe mit Ihrem Inserat, auch wenn es sich um eine kostenlose

Anzeige im Internet handelt – „Suche jemanden zum Liebhaben“ reicht einfach nicht, da brauchen Sie sich nicht zu wundern, wenn Ihnen niemand antwortet, die anderen wollen schon wissen, mit wem sie es zu tun haben. Außerdem signalisieren Sie damit Bedürftigkeit, was zum einen unglaublich abschreckend ist, zum anderen Beliebigkeit vermittelt, die mindestens genauso abschreckt (wer will schon genommen werden, bloß weil niemand anderer da ist?) Auch Anzeigen von über fünfzig Zeilen Länge sind nicht gerade ansprechend, lassen sie doch eine gewisse Geschwätzigkeit erkennen sowie die mangelnde Fähigkeit, auf den Punkt zu kommen.

Wenn Sie auf eine Anzeige schreiben, sollten Sie sie vorher ein bisschen genauer studieren, denn sie vermittelt Ihnen vorab mehr Informationen als den reinen Text. So bin ich öfter auf Anzeigen gestoßen, bei denen ich mich des Gefühls nicht erwehren konnte, da werde im Grunde nur ein attraktives Gegenüber gesucht, mit dem man sich in der Öffentlichkeit sehen lassen kann ...

Seien Sie sich dessen bewusst, dass jedes Mal, wenn Sie mit einer Person in Kontakt treten, Ihr ganzes Arsenal an Hoffnungen, Sehnsüchten und Ängsten Aufstellung nimmt – was für die andere Person natürlich genauso gilt. Daher sollte man besser die Erwartungen an eine künftige Begegnung so gering wie möglich halten. Dies gelingt am besten, wenn der Kontakt vor einem Treffen eher minimal bleibt. Denn je intensiver er vorher ist, umso größer wird die Erwartung sein – und die mögliche Enttäuschung hinterher. Es ist allerdings keinesfalls verkehrt, vorher miteinander zu telefonieren. Dabei könnte sich zum Beispiel herausstellen, dass diese Person zwar nette Briefe oder Mails schreibt, aber eine Stimme hat, die Sie als unangenehm empfinden. In so einem Fall ist es ziemlich unwahrscheinlich, dass Sie zusammenkommen werden. Vertrauen Sie unbedingt Ihrer Intuition.

Wenn Sie sich mit jemandem verabredet haben und sich damit nicht gut fühlen, sagen Sie das Treffen ab – möglichst ohne Ihr Gegenüber damit zu verletzen, das ist eine nette und faire Geste. Eine prima Ausrede ist stets die Behauptung, sich gerade ganz spontan verliebt zu haben, diese kleine Notlüge tut niemandem weh und Sie haben sich elegant aus der Affäre gezogen.

Schrauben Sie Ihre Erwartungen auf jeden Fall nicht zu hoch und nehmen Sie von der Selbstdarstellung potentieller Kandidaten nicht alles für bare Münze. Ich habe mir sagen lassen, dass vor allem Männer dazu tendieren, sich auf dem Papier zu schönen. Aber auch Frauen sind nicht dagegen gefeit, sich anders darzustellen, als sie sind.

Mit den Telefonaten ist es auch so eine Sache. Es kann durchaus sein, dass Sie sich am Telefon prima mit jemandem verstehen und voller Erwartung zu Ihrer Verabredung eilen – und dann stumm voreinander sitzen, weil Sie sich plötzlich nichts mehr zu erzählen haben. Alles ist möglich und nichts vorhersehbar.

Wählen Sie als Treffpunkt für das erste Date nicht Ihr Zuhause, sondern einen öffentlichen Ort, an dem Sie sich sicher fühlen. Eine gewisse Vorsicht bei der Herausgabe Ihrer Adresse ist sicherlich auch nicht falsch. Eine Zusatzmaßnahme könnte sein, jemandem von Ihrer Verabredung zu erzählen. Es kann für Sie zusätzliche Sicherheit bedeuten zu wissen, dass jemand über Zeit und Ort Ihres Treffens informiert ist.

Vermutlich wird Ihr Date erfolgreicher sein, wenn Sie versuchen, Ihrem Gegenüber weniger auf der Basis eines gegenseitigen Abcheckens zu begegnen. Es ist zum Beispiel gar nicht so selten, dass man einander als erstes erzählt, was man für Vorstellungen von einer Beziehung hat, und sich dann gegenseitig ablehnt, weil sie nicht zu hundert Prozent kompatibel scheinen. Viele Inserenten verbauen sich ihre Erfolgschancen vor lauter Ungeduld und in der Annahme, die Liebe müsse jetzt sofort einschlagen. Je mehr Raum und Zeit Sie Ihren Gefühlen zum Wachsen geben, umso größer ist doch die Chance, mit einem anderen Mensch in eine Beziehung hineinzuwachsen.

Bleiben Sie fair, auch wenn sich Ihr Date als „Niete" entpuppt. Weggehen, ohne sich zu erkennen zu geben, ist ziemlich unfein. Wenn Sie im Gespräch merken, dass Ihr Gegenüber keinen Platz in Ihrem Leben haben wird, ist es in Ordnung, das zu thematisieren, aber auch hier gilt: Der Ton macht die Musik, eine Ablehnung kann man auch freundlich rüberbringen.

Falls sich Ihre Wahl als „Treffer" erweist: Seien Sie trotz allem vorsichtig. Persönlich halte ich von Sex beim ersten Date wenig, aber Sie müssen selbst wissen, wie Sie das handhaben. Lassen Sie sich nicht drängen, wenn Sie nicht selbst auf der Suche nach einer „schnellen Nummer" sind. Im Prinzip hat es schon Sinn, den Eindruck des ersten Abends erst einmal „sacken“ zu lassen und seinem intuitiven Gefühl zu vertrauen.

Ich habe übrigens die Erfahrung gemacht, dass an dem Spruch „Man begegnet sich immer zweimal“ durchaus etwas dran ist, vor allem wenn man sich dafür entscheidet, jemanden per Anzeige oder Internet kennen zu lernen. Es ist leider Gottes eine traurige Wahrheit, dass viele Menschen vergessen, mit wem sie bereits Kontakt hatten.

Und noch etwas: Es ist ungemein hilfreich, wenn Sie daran glauben, dass die Dinge, die Ihnen geschehen, Sinn haben – und das gilt ganz besonders für die Menschen, die in Ihr Leben treten und es wieder verlassen. Mir ist es jedenfalls mehrmals passiert, dass ich Menschen kennen gelernt habe und mein Wunsch nach einer Vertiefung der Bekanntschaft offensichtlich nicht auf Gegenliebe stieß. Aber wie es so geht, bin ich im Laufe der Zeit auf andere Menschen gestoßen, die diese kannten und immer – wirklich immer – habe ich dann eingesehen, dass es nur zu meinem Vorteil war, erstere nicht näher kennen gelernt zu haben.

Bon voyage!

Urlaub ist auch so ein eher düsteres Kapitel für Singles. Warum sollen Sie eigentlich darauf verzichten, fremde Länder zu bereisen oder Ihr eigenes Land zu entdecken – nur weil Sie gerade nicht in Partnerschaft leben? Ohne Frage können Sie es sich auch zu Hause schön machen, aber ein Urlaub, den Sie in Ihren eigenen vier Wänden verbringen, wird nie denselben Entspannungseffekt haben, als wenn Sie woandershin fahren (wodurch Sie in der Regel wesentlich mehr gewinnen als nur räumlichen Abstand), ganz zu schweigen von den vielen Eindrücken und Erfahrungen, die Sie von Ihrem Urlaubsort mitbringen werden, vor allem, dass Sie sich getraut haben, diesen Schritt allein zu unternehmen – das wird Ihr Selbstbewusstsein und Ihr Selbstverständnis als Single mit unvergleichlicher Kraftnahrung versorgen.

So ein Singleurlaub will gut geplant sein. Überlegen Sie sich vorher, was Sie von Ihrem Urlaub erwarten. Falls Sie es hauptsächlich darauf anlegen, dabei Ihren Herzbuben oder Ihre Herzdame kennen zu lernen, ist vermutlich ein Cluburlaub oder eine tatsächliche so genannte Singlereise (Anbieter finden Sie zuhauf im Internet, zumindest heterosexuell orientierte, Lesben werden hier schon gründlicher suchen müssen) der Urlaub Ihrer Wahl. In diesem Fall müssen Sie sich nur für ein Urlaubsziel entscheiden, für alles weitere wird dann von anderer Stelle aus gesorgt.

Das Schwierigste am Alleinreisen ist sicherlich die nicht von vornherein gesicherte Kommunikation mit anderen. Aber auch hier gibt es Möglichkeiten, diesem eventuellen Defizit zu begegnen, etwa indem Sie vorher Kontakt mit Menschen an Ihrem Urlaubsort aufnehmen. Sie können dies zum Beispiel übers Internet versuchen, was aber wegen der Unverbindlichkeit des Mediums nicht unbedingt von Erfolg gekrönt sein mag. Eine wesentlich sicherere Methode ist, sich an Organisationen zu wenden, die Gastgeber in der ganzen Welt vermitteln. Da gibt es zum Beispiel die Friedensorganisation Servas mit dem erklärten Ziel, ein besseres Völkerverständnis durch persönliche Kontakte zu schaffen. Oder die Organisation Women welcome Women (Adressen im Anhang Seite 170). Eine Mitgliedschaft in solchen Organisationen kann sich übrigens nicht nur im Reisefall als vorteilhaft erweisen. Sie können sich selbst auch als Gastgeber zur Verfügung stellen bzw. als Day-Host, wenn Sie keine Unterbringungsmöglichkeiten haben. Damit bietet sich Ihnen auf jeden Fall eine gute Gelegenheit, Menschen aus anderen Ländern kennen zu lernen. Sie sind nicht verpflichtet, Reisende zu jedem Zeitpunkt aufzunehmen oder fremde Menschen in Ihrer Wohnung wohnen zu lassen, wenn Sie zur Arbeit gehen. Die Aufenthaltsdauer wird in der Regel ohnehin sehr beschränkt sein. Es wird jedoch von Ihnen erwartet, dass Sie Ihren Gästen Zeit und Interesse entgegenbringen – was ja nur angemessen erscheint, schließlich dürfen Sie dies im umgekehrten Falle ebenso erwarten.

Natürlich können Sie sich auch um eine Reisebegleitung bemühen, was offensichtlich gar nicht so selten ist, aber durchaus gewisse Risiken birgt, vor allem, wenn Sie Ihre Begleitung kaum kennen. Aber auch die scheinbar bekannte Freundin oder Kollegin könnte im Urlaub völlig neue Seiten ihrer Persönlichkeit offenbaren. Probieren Sie vorher Ihre „Kompatibilität“ mit einer kleinen Testreise in Form eines langen Wochenendes aus. Das ist auf jeden Fall besser, als sich hinterher durch einen unerfreulichen Urlaub hindurchzuquälen – aus dem Sie sicherlich nicht entspannt zurückkehren werden.

So oder so sind Testreisen prima dafür geeignet, sich selbst an das Alleinreisen zu gewöhnen. Kleine Städtetouren können ein wunderbarer Einstieg sein. Einen anderen Anfang bietet eine Dienstreise oder ein Kurs, an den Sie hinterher freie Tage anhängen. Einen Ort bereits ein bisschen zu kennen kann Sicherheit vermitteln. Eine andere – wie ich finde höchst attraktive – Variante könnte sein, in Ihren Urlaub verschiedene Komponenten zu integrieren, zum Beispiel Zeit für Erholung auf dem Land vorzusehen und ebenso einen Städteurlaub mit einzuplanen.

Vorsicht ist generell bei Gruppenreisen geboten. Sie mögen die Präsenz von Pärchen störend finden oder nicht, wenn Sie die einzige Alleinreisende in einer Gruppe sind, werden Sie sich über kurz oder lang wie ein Alien vorkommen – und die Erfahrung abgrundtiefer Einsamkeit inmitten einer Gruppe von Menschen können Sie sich wirklich ersparen! Erkundigen Sie sich vorher bei den Reiseveranstaltern nach der Zusammensetzung der Gruppe und suchen Sie sich lieber etwas anderes, falls Ihnen abgeraten wird.

Sofern Sie nicht gerade einen Städteurlaub planen, kann es für Sie als Alleinreisende vorteilhaft sein, dafür nicht die Haupt-, sondern eher die Nebensaison zu wählen. Zum einen wird die Unterkunft kostengünstiger sein, zum anderen laufen Sie so weniger Gefahr, nur auf Familien und Pärchen zu treffen.

Über eines sollten Sie sich jedoch grundsätzlich im Klaren sein: Dass Sie sicher sein müssen, sich selbst aushalten zu können, und zwar nicht nur dann, wenn Sie voller Entdeckerlust und Tatendrang die Welt erkunden, sondern auch an Tagen, an denen die Welt sich nicht von ihrer rosigsten Seite zeigt, sondern sich eher grau in grau präsentiert.

Falls Sie jedoch entschlossen sind, ins kalte Wasser zu springen, überlegen Sie sich, was Sie in Ihrem Urlaub eigentlich tun möchten, und wählen Sie Ihr Ziel danach aus. Berücksichtigen Sie dabei auch, welche Transportmittel Ihnen zur Verfügung stehen. Es könnte durchaus passieren, dass Ihr Traumurlaubsziel ohne Auto schlecht zu erreichen ist bzw. Sie dort ohne Auto unter Umständen festsitzen. Klären Sie deshalb vorher, ob die Möglichkeit besteht, abgeholt zu werden, und wie es vor Ort mit öffentlichen Verkehrsmitteln aussieht.

Natürlich können Sie Ihr Urlaubsziel auch gezielt auf einen Ort festlegen, den Sie immer schon einmal sehen wollten. Auf jeden Fall sollten Sie es am Anfang eher ruhig angehen lassen. Ferne Länder können Sie immer noch bereisen, wenn Sie ein bisschen Erfahrung haben. Es ist ganz sicher ein Vorteil, wenn Sie sich auf Deutsch, Englisch oder Französisch verständigen können. Eine Sprachbarriere kann auch einsam machen.

Als unverzichtbares Utensil für die Reiseplanung möchte ich Ihnen gern das Buch „Frauenorte überall" ans Herz legen, das von den Reiseveranstalterinnen „Frauen unterwegs" veröffentlicht wird. Das Buch enthält 150 Adressen aller Kategorien und Preisklassen aus 22 europäischen Ländern, zum Beispiel Frauenhotels, Frauenferienhäuser, Pensionen, Campingplätze oder (für den schmaleren Geldbeutel) auch Bed & Breakfast. Neben Preisen finden Sie hier auch andere nützliche Informationen, etwa ob Männer ebenfalls „zugelassen" sind, ob es Aufenthaltsräume gibt, Selbstversorgung möglich ist, Tiere vorhanden und / oder erlaubt sind, welche Freizeitmöglichkeiten bestehen oder wie weit es zum nächsten Ort ist. Wunderbar sind ebenfalls die frauenrelevanten Adressen wie Buchläden, Frauen-/Lesbenzentren, Diskotheken etc. – diese überprüfen Sie allerdings am besten vor Ort.

Damit wären wir schon mittendrin in der nächsten Frage, der Ihres Quartiers, das Sie mit viel Bedacht auswählen sollten. Größere Hotels bieten Ihnen Unabhängigkeit, die Möglichkeit zu kommen und zu gehen, wann es Ihnen beliebt, eventuell vorhandene Freizeitangebote wie Sauna oder Fitnessraum sind unter Umständen auch nicht zu verachten. In Frauenhotels oder -pensionen können Sie eher gemeinsame Aufenthaltsräume vorfinden, die Ihnen die Gelegenheit zu zwangloser Kommunikation mit anderen Gästen bietet. Auch bei einem Bed & Breakfast mögen Sie eher auf Gastgeber treffen, die einem kleinen Schwatz mit ihren Gästen nicht abgeneigt sind und/oder Sie mit unschätzbaren Insiderinformationen versorgen. Für den kleinen Geldbeutel gibt es Jugendherbergen, die in punkto Gemütlichkeit und Komfort zwar weniger prickelnd sind, dafür aber mehr Chancen bieten, Anschluss zu finden. In vielen Ländern stehen Jugendherbergen Menschen aller Altersstufen zur Verfügung.

Grundsätzlich ist es vernünftig, das Quartier bereits zu Hause auszusuchen und zu buchen – es ist heutzutage nicht mehr ganz so schwierig, Einzelzimmer zu bekommen, aber ob sie dann auch tatsächlich verfügbar sind, wenn Sie kommen, steht auf einem anderen Blatt. Außerdem haben Sie so die Möglichkeit, sich vorab Informationen schicken zu lassen und sich ein Bild vom Haus und eventuell von Ihrem Zimmer zu machen. Schließlich ist es doch mehr als beruhigend zu wissen, dass man an einen Ort fährt, an dem man sich voraussichtlich wohl fühlen wird.

So oder so ist es hilfreich, sich so gut wie möglich über den Urlaubsort zu informieren, indem Sie sich entweder einen Reiseführer besorgen oder sich von den entsprechenden Fremdenverkehrsämtern Prospekte schicken lassen. Es kann zu Ihrer Vorfreude wesentlich beitragen, zumindest eine ungefähre Vorstellung davon zu haben, was Sie alles machen und/oder besichtigen wollen. Außerdem wird davon schließlich die Zusammenstellung Ihres Gepäcks abhängen. Sofern Sie nicht gerade einen Wanderurlaub oder eine Fahrradtour planen und sich wirklich nur auf das Allernotwendigste beschränken müssen, ist es sinnvoll, Kleidung für verschiedene Gelegenheiten einzupacken – vielleicht wollen Sie mal so richtig schick ausgehen? Auf jeden Fall sollte in Ihrer Garderobe etwas Kuscheliges für die Abende nicht fehlen, in dem Sie so richtig die Seele baumeln lassen können. Vergessen Sie auch nicht, dass Sie sich hin und wieder selbst beschäftigen müssen.

Packen Sie genügend gute Lektüre ein (sofern Sie gern lesen). Besonders bereichernd ist es, wenn Sie Bücher mitnehmen, in denen Ihr aktueller Urlaubsort eine Rolle spielt, das wird Ihnen einen anderen Blick auf Ihre Umgebung bescheren. Wenn Ihnen menschliche Stimmen fehlen, könnte es helfen, sich ab und zu laut vorzulesen! Zögern Sie nicht, sich an brachliegende Interessen zu wagen, wie Malen, Zeichnen oder Schreiben. Denken Sie auch an Musik, die enorm zu Ihrem Wohlbefinden beitragen kann. Ganz wunderbar für die Beschäftigung mit sich selbst an einem ruhigen Abend sind Spiele für eine Person, von denen es wesentlich mehr gibt, als man auf Anhieb vermuten würde. Der klassische Dauerbrenner sind natürlich Patiencekarten, aber es gibt auch anderes wie Knobel- und Geduldspiele etc. Auf der Internetseite www.Reich-der-Spiele.de finden sich reichlich Spiele für eine Person, die spannend klingen, beispielsweise „Ruth Hour“, „Ebbe & Flut“, „Cuboro Marmelbahn“, „Flower Power“ und viele mehr. Es ist auch sehr gut möglich, mit sich allein zu kniffeln – und das ist nicht weniger spannend als zu zweit, schließlich geht es primär darum, ob es Ihnen gelingt, die jeweiligen Zahlenkombinationen zu würfeln.

Packen Sie auch einen Fotoapparat ein und bringen Sie Ihre Lieblingsmotive mit nach Hause – damit haben Sie hinterher mehr als „nur“ Ihre Erinnerungen zum Anschauen. Ideal ist es natürlich, wenn Ihre Kamera einen Selbstauslöser hat, dann sollten Sie hin und wieder mal ein Foto von sich selbst schießen (Sie können natürlich auch jemanden darum bitten). Für mich gehört zu den wirklich bedauernswerten Seiten des Alleinlebens, dass ich außer auf Familienfeiern fast nie fotografiert werde ...

Wenn Sie auf regelmäßige medikamentöse Versorgung angewiesen sind, packen Sie einen ausreichenden Vorrat ein (am besten verteilt auf mehrere Gepäckstücke), damit Sie auch für unvorhersehbare Notfälle gerüstet sind. Schließlich kann es immer mal passieren, dass Sie irgendwo festsitzen oder Gepäck verlieren. Das Gleiche gilt natürlich für Brillen oder Kontaktlinsen, für die Sie immer einen Ersatz dabei haben sollten.

Sorgen Sie überhaupt vorab so gut wie möglich dafür, dass Sie sich sicher fühlen. Falls Sie mit dem Auto unterwegs sind und nichts über das Innenleben Ihres Fahrzeugs wissen, sollten Sie Mitglied beim ADAC werden, damit Sie Pannen nicht fürchten müssen. Bei reinen Städtetouren lassen Sie Ihr Auto ohnehin besser zu Hause – es ist leider eine bittere Wahrheit, dass in manchen Ländern ausländische Kennzeichen wie eine

Einladung zur Selbstbedienung wirken (und dann nützt Ihnen auch das vermeintlich ramponierte Aussehen Ihres Fahrzeugs nichts). Ich halte es auch für sinnvoll, sich vor Reisen ins Ausland die Adresse des jeweiligen deutschen Konsulats zu notieren, damit Sie im Notfall wissen, wohin Sie sich zu wenden haben.

Noch ein Wort zu Ihrer ganz grundsätzlichen Sicherheit als Singlefrau: Zwar machen die wenigsten von uns tatsächlich Erfahrungen mit Gewalt und Kriminalität, aber die Angst davor ist in unserem Leben doch äußerst präsent. Schade eigentlich, dass wir uns von diesen Ängsten beeinflussen lassen! Eine Möglichkeit, ihnen konstruktiv gegenüberzutreten, könnte ein Selbstverteidigungskurs sein, der auf jeden Fall länger als nur ein Wochenende dauern sollte; ein solcher Crashkurs kann allenfalls eine Ahnung davon vermitteln, welche Möglichkeiten zur Verfügung stehen. Doch so ein Kurs ist nur dann sinnvoll, wenn Ihnen die Inhalte so in Fleisch und Blut übergehen, dass Sie im Bedarfsfall angemessen reagieren können. Außerdem wird Ihnen in diesen Kursen generell Wissen zur Selbstbehauptung vermittelt, so dass Sie per se sicherer auftreten und weniger Gefahr laufen, Opfer einer Gewalttat zu werden. Entsprechende Kurse werden von darauf spezialisierten Firmen angeboten. Allerdings ist diese Präventionsarbeit auch Teil der polizeilichen Aufgaben. Sie können sich daher einfach bei Ihrer örtlichen Polizei nach dem Angebot erkundigen.

Soweit also zu den Vorbereitungen. Hier noch ein paar Tipps für den Urlaubsalltag: Im Prinzip hat es schon Sinn, seine Tage vorab ein bisschen zu planen, allein um sich vor unliebsamen Überraschungen zu schützen (es ist zum Beispiel ziemlich ärgerlich, sich zu einer Besichtigung aufzumachen und dann vor verschlossenen Türen zu stehen). Aber es geht auch anders. Zu den Freuden des Alleinreisens gehört meines Erachtens auch das eher sinnliche Erleben eines Ortes, in dem man sich völlig planlos herumtreiben lässt, nur persönlichen und sinnlichen Eingebungen folgt, die Menschen, die Umgebung und die Gerüche um sich herum wahrnimmt – und dabei natürlich den eigenen Bedürfnissen entsprechend Rechnung trägt.

Apropos eigene Bedürfnisse: Die Nahrungsaufnahme mag für einige von Ihnen ein eher wunder Punkt sein. Ein Restaurant allein zu betreten kann Ihnen eventuell wie eine unüberwindbare Hürde erscheinen. Aber mit dieser Hemmschwelle müssen Sie sich nicht so ohne weiteres abfinden. Zum einen hilft es wirklich, wenn Sie sich daran gewöhnt haben, für sich selbst zu kochen und Ihrer Person und Ihren Bedürfnissen eine gewisse Wertigkeit zu verleihen. Zum anderen können Sie diesen Schritt vorab an Ihrem Heimatort üben. Außerdem können Sie sich immer noch etwas zu lesen mitnehmen, für den Fall des Falles. Aber Sie können genauso gut Ihre Mahlzeit mit Bedacht auswählen, Ihren Gedanken nachhängen, sich das Essen schmecken lassen, die anderen Menschen im Lokal beobachten. Oder sich zu einer anderen Person an den Tisch setzen. Abends allerdings sollten Sie Lokale besser meiden, in denen es allzu „romantisch“ zugeht. Oder Sie nehmen die Hauptmahlzeit zu Mittag ein (was den Romantikfaktor von vornherein ausschließt) und begnügen sich abends mit einem kalten Imbiss in Ihrem

Zimmer. Andere Möglichkeit: Sie suchen sich ein Museumscafé, in dem auch warme Speisen angeboten werden.

Ein weiterer Stolperstein liegt in der Gestaltung der Abende, aber auch der muss nicht sein. Befreien Sie sich von der Vorstellung, dass Sie jeden Abend auf Achse sein müssen, schließlich sind Sie das zu Hause ja auch nicht. Hin und wieder ist also gar nichts einzuwenden gegen einen ruhigen Abend in der eigenen Gesellschaft, vor allem nicht, wenn Sie den ganzen Tag auf den Beinen waren. Da spricht doch nichts dagegen, dass Sie es sich mit einem Buch, einem Spiel oder vor dem Fernseher (sofern vorhanden) gemütlich machen und Kraft tanken für den nächsten Tag.

Wenn es Sie doch unter Menschen zieht: Lassen Sie den Abend nicht in Stress ausarten und sorgen Sie vorab für einen sicheren Rückweg zu Ihrer Unterkunft: Wo halten die öffentlichen Verkehrsmittel, wo sind die Taxistände bzw. wie kommen Sie an ein Taxi, falls der Stand verwaist ist – nicht überall kann man einfach ein vorbeifahrendes Taxi heranwinken. Hin und wieder sollten Sie sich ruhig den Luxus eines Taxis leisten, sich mitten in der Nacht in einem unbekannten Ort hoffnungslos zu verirren, kann eine höchst traumatische Erfahrung sein, die Sie sich wirklich ersparen können.

Damit Sie auf dem Laufenden sind, was an Ihrem Urlaubsort abends geboten wird, halten Sie sich am besten an örtliche Stadtmagazin. Im Internet fand ich den Tipp, die örtlichen Universitäten aufzusuchen (falls vorhanden) und dort nach Veranstaltungshinweisen zu suchen. Für Lesben ist gegebenenfalls das örtliche Lesben-/Schwulen- oder Frauenzentrum eine wunderbare Anlaufstelle, um sich über die lokale Szene und eventuelle Veranstaltungen zu informieren.

Jetzt kann Ihr Abend eigentlich losgehen ... egal ob Sie sich für Kino, Theater, Konzert, Restaurant oder Disco entscheiden, genießen Sie ihn und wer weiß, vielleicht ist ja auch das eine oder andere Gespräch mit Unbekannten mit drin?

Was aber tun, wenn einen doch die Einsamkeit packt (was mit Sicherheit irgendwann passiert)? Halten Sie sich vor Augen, dass Ihre Stimmung vorübergehen wird. Das lässt sich auch beschleunigen, indem Sie entweder etwas tun, was Sie *immer* aus einem Tief herausreißt (zum Beispiel ins Kino, shoppen oder essen gehen) oder gehen Sie so lange in sich, bis Sie etwas Interessantes gefunden haben, auch, wenn Sie dafür ungewöhnlich viel Aufwand betreiben oder besonders viel Geld ausgeben müssen. Es ist den Aufwand auf jeden Fall wert – und hinterher kann die Welt schon wieder ganz anders aussehen.

Vielleicht können Sie zur Vorbeugung eine E-Mail-Korrespondenz mit jemandem zu Hause vereinbaren? Oder schreiben Sie Karten an Ihre Lieben daheim. Manchmal kann es in solchen Stimmungen auch helfen, sich tatsächlich in die eigenen vier Wände zurückzuziehen, die im Augenblick das Zuhause bedeuten, und es sich dort gemütlich zu machen mit einem guten Buch oder mit Musik.

Im Internet gibt es übrigens eine wunderbare Seite namens www.journeywoman.com, auf der Sie neben Reiseberichten auch jede Menge Tipps von allein reisenden Frauen finden, nicht nur zum Thema Einsamkeit unterwegs.

Alle Jahre wieder …

Ich weiß nicht, wie es Ihnen geht, mich befällt jedes Jahr ungefähr im Oktober, wenn in den Geschäften das erste Weihnachtsgebäck auftaucht, ein Gefühl von Panik angesichts der Fülle von Feiertagen, die sich zum Jahresende drohend vor mir auftürmen. Dagegen bin ich schlicht und ergreifend machtlos. Dabei könnte mich die Erfahrung längst gelehrt haben, dass ich auch dieses Jahr die Feiertage wieder überstehen werde – irgendwie. Und nie, wirklich nie, fällt es mir ein, mich auf diese Zeit zu freuen, obwohl ich schon einige Feiertag-Super-GAUs ganz unbeschadet hinter mich gebracht habe. Es bleibt trotzdem dabei, dass sich die Gestaltung des Jahresendes alljährlich wieder als überaus anstrengend erweist. Zu keinem anderen Zeitpunkt im Jahr ist man als Single so sehr auf sich selbst zurückgeworfen, wird das eigene soziale Gefüge so deutlich sichtbar – oder das Fehlen desselben. Selbst wenn Sie Teil eines gut funktionierenden sozialen Netzes sind, kann es passieren, dass Sie zu Weihnachten oder Silvester doch allein dastehen, weil alle aus Ihrem Freundeskreis es vorziehen, über Weihnachten „nach Hause“ zu fahren, sprich: zu den Eltern, weil es von diesen erwartet wird, weil es dort Geschenke gibt oder aus anderen Gründen. Natürlich habe ich auch

Menschen kennen gelernt, die sich darauf freuen, an diesen Tagen ihre Familie zu sehen, weil sie ihre Familie lieben, aber sie stellen eindeutig eine Minderheit in meinem Bekanntenkreis dar.

Vielleicht gehören Sie ja selbst zu den Personen, die über Weihnachten immer nach Hause fahren. Falls Sie das glücklich macht: prima! Falls nicht, wäre jetzt doch eine wunderbare Gelegenheit, daran etwas zu ändern. Das muss ja nicht zwangsläufig bedeuten, dass Sie einfach wegbleiben (eine Option, deren Verwirklichung vor allem den Frauen besonders schwer fallen dürfte, die Weihnachten allein mit der Mutter verbringen, die sonst keine Menschenseele hat ...). In einem solchen Fall könnten Sie vielleicht die Feiertage zur Annäherung aneinander nutzen, etwa indem Sie Ihre Mutter bitten, aus Ihrem Leben zu erzählen, von Ihrer Kindheit zum Beispiel. Oder laden Sie andere alleinstehende Personen dazu ein. (Ihre Mutter wird sich vielleicht sträuben, aber einen Versuch ist es allemal wert. Schließlich haben Sie ein Recht darauf, es sich schön zu machen – und als Single vielleicht sogar die Pflicht!!!)

Für mich ist zu Weihnachten die Stille das Schlimmste. Diese ganz besondere Art von Stille, die es nur zu Weihnachten gibt, eine Art Grabesruhe, die daher rührt, dass alle irgendwo anders sind. Im Prinzip habe ich schon alles Mögliche versucht, zum Beispiel Weihnachten eben ganz für mich allein zu feiern, mit allem drum und dran, ein kleines Bäumchen, ein wunderbares Menü, Geschenke ... ich habe mir wirklich Mühe gegeben, aber ich habe mich letzten Endes mit mir gelangweilt. Offensichtlich ist für mich Weihnachten doch untrennbar mit Geselligkeit verbunden.

Die wesentlich schönere Variante ist daher für mich definitiv, mich mit netten Menschen zu treffen, schön zu kochen, sich zu unterhalten und/oder zu spielen. Weihnachten einfach Weihnachten sein lassen. Hauptsache, man hat Spaß.

So oder so ist es ungemein hilfreich, sich immer wieder ins Bewusstsein zu rufen, dass es sich trotz der Fülle der Feiertage eigentlich nur um zwei wirklich „schlimme" Tage handelt: Weihnachten selbst und Silvester. Alle anderen Feiertage sind schließlich nicht sehr viel mehr als ein Haufen Sonntage. Und noch ein dringender Rat: Lassen Sie an diesen Tagen Ihren Fernseher aus, halten Sie sich notfalls an Videos, DVDs und/oder Bücher, aber meiden Sie das reguläre Weihnachts- oder Silvesterprogramm. Dort werden Sie nämlich immer wieder höchst unsanft und pausenlos auf die „Wichtigkeit" des Tages hingewiesen, wogegen Ihr Bestreben eher darauf gerichtet sein sollte, das Datum zu ignorieren – natürlich immer unter der Prämisse, dass Sie die Feiertage eher erleiden, als sich an Ihnen erfreuen. Wenn Ihnen Weihnachten gefällt: Spricht irgendetwas dagegen, dass Sie sich selbst einen Baum kaufen, ihn ganz nach Ihrem Geschmack schmücken und sich auch sonst so weihnachtlich wie möglich einrichten? Kerzen wirken übrigens generell sehr beruhigend aufs Gemüt, ob Sie nun einen Adventskranz oder Weihnachtsbaum haben oder nicht.

Auf jeden Fall sollten Sie diese Tage vorher ein bisschen planen, sich überlegen, was Sie tun möchten, womit Sie sich eventuell kulinarisch verwöhnen ...

Im vorletzten Jahr trat bei mir der Silvester-Super-GAU ein. Alle meine Freunde und Freundinnen waren bei ihrer Beziehung, irgendwo eingeladen oder tummelten sich auf einer Mega-Silvester-Party, die ich mir einfach nicht leisten konnte.

Allein auf eine Party zu gehen hatte ich schon ausprobiert, es war schlichtweg eine Katastrophe. Ich habe bereits an anderer Stelle erwähnt, dass ich den ganzen ersten Januar weinend im Bett verbrachte. Damals schien es eine ziemlich gute Idee zu sein. Schließlich ging ich andauernd allein auf Partys. Warum nicht auch zu Silvester? Nun, ich hatte so einiges nicht bedacht. Nie im Leben wäre ich auf den Gedanken gekommen, dass „man" an einem solchen Tag noch später ausgeht als sonst und ein Partybesuch auf keinen Fall vor Mitternacht ansteht, was in meinem konkreten Fall dazu führte, dass die Party nur ganz langsam in Schwung kam. Gerade, als ich begann, mich endlich zu entspannen, wurde es Mitternacht. Schlagartig leerte sich das Lokal und ich hatte die Wahl, entweder als einzige zurückzubleiben oder mit vor die Tür zu gehen, wo sich alle das Feuerwerk ansahen – und sich (ein fröhliches neues Jahr wünschend) in die Arme fielen. Tja, ich hatte niemanden, aber rein niemanden, dem ich ein glückliches neues Jahr hätte wünschen können. Selten in meinem Leben habe ich mich so allein gefühlt. Denn natürlich waren die anderen alle in Paaren und Kleingruppen gekommen.

Dass dann auch noch eine Exaffäre mit ihrer neuen Beziehung auftauchte, war der Tropfen, der das Fass zum Überlaufen brachte. Kein Gedanke mehr daran, dass ich diejenige war, die die Affäre beendet hatte und an der Stelle der „Neuen“ hätte sein können, wenn ich gewollt hätte. Zu solch vernünftigen Überlegungen war ich in dem Moment gar nicht fähig. Alles, was ich fühlen konnte, war ein überwältigender Klumpen Schmerz und Einsamkeit. Ich verließ die Party fluchtartig gegen halb eins.

“Nie wieder!“ habe ich mir damals geschworen. So kam es, dass ich im folgenden Jahr Silvester allein zu Hause verbrachte, für mich wirklich ein Super-GAU, den ich jahrelang gefürchtet hatte. Und wissen Sie was? Es war gar nicht schlimm. Ich hatte es sogar ziemlich nett, kein Vergleich mit der Party, auf der ich allein war. Ich bin spazieren gegangen, habe lange mit einem Buch in der Badewanne gelegen, was Schönes gekocht, mir ein nettes Video angesehen und zur Feier des Tages Tarotkarten gelegt. Einmal bin ich schwach geworden und habe den Fernseher angemacht, aber sehr schnell gemerkt, dass meine ruhige und friedliche Verfassung von der hysterischen Stimmung in den Silvestersendungen ganz empfindlich gestört wurde. Lieber nicht. Kurz habe ich sogar erwogen, Silvester einfach zu verschlafen. Aber ich wollte nicht feige sein, ich wollte mir selbst beweisen, dass ich diesen Tag gut allein mit mir verbringen konnte. Schließlich war es nur noch eine halbe Stunde bis Mitternacht. Kurz vor 12 bin ich vor die Tür gegangen, habe mit einigen Wunderkerzen einen eher bescheidenen Beitrag zum Feuerwerk geleistet und mich auf das kommende Jahr gefreut.

Es kann sein, dass ich noch öfter Silvester allein verbringen werde. Auch wenn das niemals meine erste Wahl werden wird, so hat dieser Tag doch seinen Schrecken für mich verloren, weil ich weiß, es geht. Es hängt von mir allein ab, wie der Tag für mich wird.

Es ist ohnehin nicht zwingend notwendig, das Jahresende auf einer Party zu verbringen, es gibt jede Menge Alternativen. Eine Freundin wusste von einem wunderbaren Klassikkonzert in einer Kirche zu berichten oder wie wäre es mit einem Aufenthalt im Kloster oder einem Urlaub fernab von allem Trubel oder ...

Übrigens gibt es keinen Tag im Jahr, der sich so wunderbar für Loslassrituale eignet wie der 31. Dezember. Sie glauben gar nicht, wie das hilft, wenn man an diesem Tag an einem Lieblingsplatz Fotos oder Briefe verbrennt oder ungeliebte Gedanken ins Wasser wirft ... absolut unschlagbar ... Ein solches Ritual hat den überaus herrlichen Effekt, dass Sie dem neuen Jahr mit ganz neuem Elan gegenübertreten.

Happy End?

Tja, da bin ich nun. Vor kurzem habe ich mein fünftes Singlejahr begonnen. Nie hätte ich mir träumen lassen, dass ich so lange ohne Beziehung bleiben würde! (Mal abgesehen von der einen oder anderen Affäre, die ich aber nicht dazuzähle; und die Bruchlandung, die ich erlitt, als ich mich dann doch einmal – glücklich – verliebte, auch nicht). Ich bin selbst darüber verblüfft, wie gut es mir geht. Was mich wirklich mit Zufriedenheit erfüllt, ist, dass ich es im Laufe dieser Jahre fertig gebracht habe, meine (wie ich finde fast pathologische und peinliche) Schüchternheit halbwegs loszuwerden (fragen Sie mich bloß nicht wie!). Natürlich hängt hin und wieder mein Seelenfrieden schief. Jedes Jahr, wenn im Frühling die Tage länger werden und die Pflanzen austreiben, wird mein Herz ganz wund und weh, immer noch habe ich schmerzhafte Anfälle von Pärchenblues (die allerdings immer seltener und kürzer auftreten), aber an den letzten bloody sunday vermag ich mich überhaupt nicht mehr zu erinnern – im Gegenteil, wenn der ganze Sonntag verplant ist und ich gar keine Zeit habe, ein bisschen vor mich hin zu gammeln, fehlt mir das die ganze nächste Woche lang.

Es war unglaublich beruhigend festzustellen, dass es im Grunde genommen nur ganz wenig Dinge gibt, die ich nicht allein tun kann. Hin und wieder bin ich an Grenzen gestoßen – die jede sicherlich für sich selbst anders setzt. Ich mag zum Beispiel definitiv nicht allein wandern (offensichtlich habe ich mit meiner Vorliebe für Fernsehsendungen über forensische Gerichtsmedizin Schaden genommen). Das muss ich wohl so hinnehmen. Natürlich weiß ich, dass ich als Single häufig über den eigenen Schatten springen und Dinge tun muss, die schwierig und/oder unangenehm aussehen – das gehört einfach zum Lernen dazu. Einmal habe ich also all meinen Mut zusammengenommen und bin allein wandern gegangen. Zwar verlief dieser kleine Ausflug ohne weitere Zwischenfälle (am Ende hatten die Menschen, denen ich im Wald begegnete, mehr Angst vor mir als ich vor ihnen), doch kam ich völlig verkrampft und gestresst nach Hause zurück. Ich habe daraufhin entschieden, dass für mich der Stress das Schöne daran nicht aufwiegt und ich mich nach anderen Lösungen umsehen muss. Das ist nicht weiter schlimm.

Am Anfang dieses Buches habe ich geschrieben, dass aus mir nie ein glücklicher Single werden wird – das stimmt immer noch. Aber ich kann einfach nicht umhin festzustellen, dass ich dem Singleglück, von dem ich in früheren Tagen träumte, doch unverhofft sehr nah gekommen bin, wenn auch auf andere Weise, als ich es mir vorgestellt hatte. Tatsächlich erleide ich mit meinen Beziehungswünschen meistens Schiffbruch. (Manchmal habe ich das Gefühl, meine Freundinnen wollen gar keine Einzelheiten mehr wissen, wenn sie von mir den Satz „Ich habe da jemanden kennen gelernt ..." hören.) Natürlich ist das schrecklich! Aber es katapultiert mich nicht mehr für Wochen in ein Netz aus Depressionen und Selbstzweifeln. Es gibt einfach zu viele andere schöne Dinge und nette Menschen in meinem Leben.

Ganz besonderer Dank gebührt daher an dieser Stelle all denjenigen, die mich mit ihren Erfahrungen und Ratschlägen unterstützt haben, mir den Rücken stärken oder einfach ihr Leben mit mir teilen. Sie haben alle ganz wesentlich dazu beigetragen – und tun es noch –, dass meine Begegnung mit mir selbst sich als etwas höchst Positives herausstellt – auch wenn der Weg sich streckenweise durchaus als schmerzhaft erweist. Aber so ist das Leben eben ...

Am schwierigsten ist es vermutlich, den grundsätzlichen Entschluss zu fassen, die Vorstellung vom Märchenprinzen oder von der Märchenprinzessin aufzugeben und das eigene Leben selbst in die Hand zu nehmen. Aber es lohnt sich – unbedingt! Falls Sie noch ein bisschen praktische Motivation brauchen, denken Sie einfach daran, dass Sie hier ein Ergebnis meines eigenen Zu-mir-Kommens in den Händen halten. Etwas, das ich mir auch nicht hätte träumen lassen – damals, als ich mich entschied, alles zum Thema Single aufzuschreiben, was mir durch den Kopf geisterte mit der eher vagen Vorstellung, ich könnte eventuell anderen Menschen damit eine Hilfestellung geben. Zugegebenermaßen habe ich Sie dabei nicht immer mit Samthandschuhen angefasst. Für mich sind Selbstfindung und bedingungslose Ehrlichkeit sich selbst und anderen gegenüber eben untrennbar miteinander verbunden – ganz abgesehen davon, dass schonungslose Wahrheit oder nackte Selbsterkenntnis immer ein guter Ausgangspunkt ist.

Jetzt sind Sie am Zug! Trennen Sie sich von altem Müll, übernehmen Sie Verantwortung, machen Sie etwas aus sich und Ihrem Leben, Ihren Wünschen! Mir bleibt eigentlich nur noch, Ihnen dabei viel Spaß zu wünschen.

Literaturverzeichnis

Das große Lexikon der Heilsteine, Düfte und Kräuter, Neu-Ulm 2000

Dodson, Betty: Sex for one, München 1999

Emerick, Ingrid / Conlon, Faith / De Tessan, Christina Henry: Solotour – 29 spannende Reiseberichte von Frauen, die alleine reisen, München 2005

Fahrnow, Ilse-Maria: Jin Shin Jyutsu: Die Heilkraft Ihrer Hände, München 2002

Frauen unterwegs - Frauen Reisen (Hrsg): Frauenorte überall, Berlin 2004

Huber, Bettina (Hrsg.): Beauty Food – Kochen für Schönheit und Wohlbefinden, Weyarn 2002

Keay, Julia: Mehr Mut als Kleider im Gepäck, München 2000

Kiesheyer, Alex (Hrsg.): Sapphos Guide, Koblenz 2004

Kingston, Karen: Feng-Shui gegen das Gerümpel des Alltags, Reinbek 2003

Méritt, Laura: Lauras Spielzeugschatulle – Alles über Sextoys, Berlin 2001

Pohle, Rita: Feng Shui für die Seele – Acht Wege zur eigenen Mitte, München 2005

Polk, Milbry / Tiegreen, Mary: Frauen erkunden die Welt, München 2003

Schulte, Christa: Tantra für Genießerinnen, Berlin 2001

Swift, Rachel: Ich komme, wann ich will, München 2005

Weidner, Christopher A.: Feng-Shui für zwei, Reinbek 2003

Adressen

Frauensexshops

Bella Donna
Milch 6,
73728 Esslingen
Tel. (07 11) 35 37 28,
www.bella-donna-erotik.de

For Ladies
Ostertorwall 67/68,
28195 Bremen
Tel. (0 44 21) 32 30 40,
www.forladies.de

Inside Her
Vilbeler Straße 34,
60313 Frankfurt
Tel. (069) 29 51 00,
www.insideher.de

Ladies First
Kurfürsten 23,
80801 München
Tel. (089) 271 88 06,
www.ladiesfirst.de

Lady's Toys
Geyergasse 6,
50667 Köln
Tel. (02 21) 257 10 01

Secrets
Marienplatz 1,
50667 Köln
Tel. (02 21) 24 41 00,
www.secrets-erotic.de

Sexclusivitäten
Fürbringer Str. 2,
10961 Berlin
Fr. 12-20:00 h und nach Vereinbarung
Tel. (030) 6 93 66 66,
www.sexclusivitaeten.de

Tools & toys
Heinrich-von-Stephan-Str. 10,
79100 Freiburg
Tel. (07 61) 707 49 49,
www.tools-toys.de

Versandhandel

Lesbenkaufhaus
www.lesbenkaufhaus.de

Shambhala (Versand für tantrische Produkte)
Hofmannstr. 21,
91052 Erlangen
Tel. (0 91 31) 2 23 57

Women Mail Order
www.womenmailorder.de

Organisationen

Overeaters Anonymus
Postfach 10 62 06
28062 Bremen
Tel. (04 21) 32 72 24
Fax (0 21 51) 77 94 99

Servas Germany
Birkenweg 30 d
21629 Neu Wulmstorf
www.servas.de

Women welcome Women
5W, 88 Easton Street
High Wycombe
Bucks HP11 1LT
UK
www.womenwelcomewomen.org.uk

Internetadressen

www.leihomas-leihopas.de
www.konnys-lesbenseiten.de
www.Reich-der-Spiele.de
www.journeywoman.com

Über die Autorin

Monika Richrath wurde 1962 in Hamburg geboren. Schon in jungen Jahren wurde ihre sprachliche Begabung und Affinität offenkundig, so dass sie nach dem Besuch eines zweisprachigen Gymnasiums die Ausbildung zur Fremdsprachenkorrespondentin absolvierte. Ihr Beruf führte sie für ein Jahr nach Paris. Ein zweites Standbein sind seit Anfang der neunziger Jahre redaktionelle Tätigkeiten, unter anderem die Mitherausgabe eines Bonner Frauenmagazins von 1995 bis 2000. **Monika Richrath** lebt in Bonn und ist seit Anfang 2001 Single.